读客文化

论语故事

［日］下村湖人 著

徐建雄 译

北京日报出版社

图书在版编目（CIP）数据

论语故事 /（日）下村湖人著；徐建雄译 . -- 北京：
北京日报出版社，2024.5
ISBN 978-7-5477-4644-8

Ⅰ.①论… Ⅱ.①下…②徐… Ⅲ.①《论语》- 通俗读物 Ⅳ.① B222.2-49

中国国家版本馆 CIP 数据核字 (2023) 第 213352 号

论语故事

作　　者：	［日］下村湖人
译　　者：	徐建雄
责任编辑：	辛岐波
特约编辑：	王晨睿　　乔佳晨
封面设计：	温海英
出版发行：	北京日报出版社
地　　址：	北京市东城区东单三条8-16号东方广场东配楼四层
邮　　编：	100005
电　　话：	发行部：（010）65255876
	总编室：（010）65252135
印　　刷：	三河市龙大印装有限公司
经　　销：	各地新华书店
版　　次：	2024年5月第1版
	2024年5月第1次印刷
开　　本：	880毫米×1230毫米　1/32
印　　张：	8.25
字　　数：	207千字
定　　价：	49.90元

版权所有，侵权必究，未经许可，不得转载
凡印刷、装订错误，可调换，联系电话：010-87681002

匡正教育时弊的名著

永杉喜辅（群马大学名誉教授）

《论语故事》的问世，始于昭和十三年（1938）于讲谈社的月刊杂志《现代》上连载之时。自同年该社出版单行本以来，各出版社便竞相刊行，而冠以"学术"之名出版，则以本书为首举[1]。

笔者在大学的研讨课上，每年都会使用《论语故事》。尽管该书文字浅显易懂，却有着大学生难以领会的深邃思想。作者下村湖人，并非一般的学者、作家，而是真正意义上的思想家，也是真正意义上的学者。他虽然是个文献学家，不属于任何学界与文坛，却以故事或随想的形式，锲而不舍地阐述着自己的思想，而其中的巅峰力作，就是这部《论语故事》。

湖人终其一生，学而不厌的就是《论语》。他也曾在东京大学学习过英国文学，而这一学术背景，或可认为是他欲将《论语》活用于现代的思想源头吧。最后，他那誓将《论语》精神传诸后世的执念，终于在本书中完成了。

虽说有关《论语》的解释类书籍比比皆是，可结合自己的现实生活来不断研读《论语》的人，却是极为罕见，而湖人就是这

---

[1] 日文原书属于"讲谈社学术文库"，故云。——译者注

么一个人。因此，说到底，本书就是湖人的《论语》，而非别人的《论语》。且这种研读方式，才是符合孔子学术态度的方式。因此，也可以说，湖人极为忠实地继承了孔子的衣钵。所谓学，便是祖述古代圣贤之道，并践行之——这正是贯穿《论语》始终的谆谆教诲。而"读《论语》而不懂《论语》"[1]之人，则是仅将《论语》当作语言来学的人。

下村湖人的处女作《凡人道》(昭和九年，即1934年出版)旨在劝诫凡夫俗子以诚挚之心来过好日常生活，而这也正是《论语》之本意。

湖人得心应手地引用已历时两千多年的《论语》章句，又以一则则的故事来表达他那经《论语》涵养而得的思想，相当于孔子与他的门人弟子们脱下古代衣冠，穿越到了现代。作者用活泼的现代语言，给我们用心描绘了如此光景。孔子是个伟大的教育家。因此，在教育乱象纷呈之当今日本，本书正可谓万人必读之书。

1981年2月10日

---

[1] 日本谚语。意为"书呆子""死读书的人"。——译者注

序言

　　《论语》是"天之书",同时也是"地之书"。孔子一生都孜孜矻矻在地上行走着,却说着上天的语言。尽管说着上天的语言,可他既不神秘,也没有创造什么奇迹。他是个用地上的声音,说着上天的语言的人。

　　他的门人弟子也想效仿他说上天的语言,可他们中的大部分人最终也只能说地上的语言。甚至其中还有虚伪之人,企图假托上天的声音来说地上的语言。在这方面,他们都有缺陷,而这种缺陷也是全人类所共有的。在很多情况下,我们在受教于孔子那上天的语言的同时,也会因他的门人弟子的地上的语言而加以反省。

　　本书的意图就在于,趁着诵读《论语》所产生的感动,将其编写成一则则的小故事。当然了,像我这样地上的平庸之人,是不可能分毫不差地传达孔子那上天语言的深意的。可是,翻检出其门人弟子的语言,并从中发现自身的缺陷与丑陋,就未必不可能了。

　　在本书中,我所描绘的孔子的门人弟子,比起两千多年前的中国人来,更像是我们身边随处可见的普通人。因此,他们那作为历史人物的性格,恐怕是受到很大的扭曲甚至伤害的吧。为此,我必须向这些古代的求道者,表示深深的歉意。

　　然而,《论语》不是历史书,而是"心灵之书"。既然它所讲述的是可超越时空而普遍加以应用的内容，那么我们以现代人的意识加以解读，以现代人的心理来予以剖析，并努力从中塑造我们自身的形象，我相信，这应该不会对《论语》构成亵渎。

《论语》共有五百一十二章[1]，本书引用了其中的一百三十章。但是，准确传达这些章句是在什么时候、什么场合、什么情况下所发表的言论，全然不是本书的目的。本书仅以某章句为中心编纂故事，并在不作任何考证的前提下，将自己觉得其含义较为相宜的其他章句引进该故事而已。因此，任何考证性质的寻根问底，对于本书而言都是毫无意义的。

并且，各个故事在内容上并不互相衔接，因而在前后排列上也并无一定的标准。每一则故事，都可单独阅读。

孔子在称呼其门人弟子时，是只称其名而绝不会称其字的（譬如称呼子贡为赐，称呼子路为由）。但在本书中并不严格遵守这一规则。其他如起居行为等习惯方面，了解两千多年前的中国的达人看到后，恐怕也会有诸多不满。但作者于此种细节本就不甚措意。作者以为只需描绘出"心"就可以了。并且，这"心"也不是历史人物之心，而是作者自己与生活在作者身边之人的心。

昭和十三年[2] 十二月二日校毕

著者

---

[1] 也有说494章。——译者注
[2] 1938年。——译者注

目　录

富人子贡　　　　　　　001

瑚琏　　　　　　　　　011

伯牛有疾　　　　　　　021

言志　　　　　　　　　030

子路之舌　　　　　　　036

故步自封者　　　　　　042

宰予昼寝　　　　　　　051

觚不觚　　　　　　　　061

申枨之欲　　　　　　　065

子入太庙　　　　　　　069

阳货赠豚　　　　　　　077

问孝　　　　　　　　　082

乐长与孔子之目　　　　092

犁牛之子　　　　　　　099

探异闻　　　　　　　　110

天之木铎　　　　　　　123

孔子击磬　　　　　　　132

媚灶	137
匡之变	146
司马牛的烦恼	158
孔子与叶公	165
问津	175
陈蔡之野	186
病中的孔子与子路	196
一以贯之	203
行藏之辩	215
长流不息	224
屹立泰山	229
人生导师　下村湖人	248

富人子贡 [1]

子贡曰:"贫而无谄,富而无骄,何如?"

子曰:"可也。未若贫而乐,富而好礼者也。"

子贡曰:"《诗》云:'如切如磋,如琢如磨'[2],其斯之谓与?"

子曰:"赐也,始可与言《诗》已矣!告诸往而知来者。"

——《论语·学而篇》

今译: 子贡说:"老师,要是一个人做到了贫穷而不谄媚,富贵而不骄纵,您看怎么样?"

孔子说:"这就不错了。但是,还不如贫穷时也很快乐,富贵后仍谨守礼节啊。"

子贡说:"《诗经》上说的'好比制作骨器时仔细切磋,好比

---

[1] 子贡(公元前520—公元前456年),姓端木,名赐,字子贡。春秋末期卫国人。孔子学生,名列"孔门十哲"(言语科)、"孔门七十二贤"。多才善辩,做事干练。曾任鲁国、卫国大夫。又善于经商,积财千金,为儒商鼻祖。——译者注

[2] 出自《诗经·卫风·淇奥》。赞美卫武公在研究学问与陶冶品行上的精益求精。——译者注

制作玉器时精细打磨',就是这个意思吧?"

孔子说:"赐啊,现在可以跟你讨论《诗经》了,因为告诉你以往的事情,你能推知未来的情形了。"

这一天，子贡深深地呼吸着清晨新鲜的空气，昂首挺胸，迈开大步，悠然自得地走在大道上。近来，他得了个好差事，且财运亨通，已经脱贫致富了。

一想到这一点，他就觉得身心舒坦。

"(**原注 1**[1])老师时常称赞颜回[2]家无存粮。他老人家似乎还对不靠天命而刻意敛财的人感到不快。可是，有本事的人，通过正当途径积累财富，又有什么不对的呢？要我说的话，贫穷本身就是一种恶，富裕本身就是一种善。别的先不说，在金钱上没了后顾之忧，才能轻松愉快地专攻学问。更为重要的是，有了金钱撑腰，就能安之若素地面对任何人了。自己以前受穷那会儿，是怎么也做不到这一点的。"

回想起了几年前自己的贫困时期，他就不禁连连摇头："那会儿，只要来到权贵或富豪的面前，我就会手足无措，狼狈不堪。当然了，我也并不为自己的寒酸模样感到害臊。我还没怯懦到会

---

[1] 原作中将本篇所用到的《论语》问答原句在篇末列出，本书保留该形式。——译者注

[2] 颜回（公元前 521—公元前 490 年），名回，字子渊，也称颜渊。春秋末期鲁国人。孔子最喜欢的学生，名列"孔门十哲"（德行科）、"孔门七十二贤"。安贫乐道，后世尊称为"复圣"。——译者注

因贫穷而羞愧的地步。在这方面，即便是与子路[1]相比，我也一点儿都不会输给他的。这点儿自信，我还是有的。我只是丝毫也不想让人觉得我在讨好对方而已。

"贫穷也就罢了，可要是让人看到自己一脸的贪欲，那才是真的完蛋了。可话虽如此，也不能反其道而行之，表现出无礼的傲慢姿态。而我正因为左右为难，才会陷入手足无措、狼狈不堪的境地。虽说如今想来有点儿不可思议，可说到底，那种情形也还是贫穷所导致的，又有什么办法呢？所以，还是不能受穷啊！

"可尽管如此——"

子贡忽地昂然环视左右，随即又在心中嘟囔道：

"不管怎么说，我可没有讨好任何人。这是无可争辩的事实。就这点而言，我可以公然声称：我于贫穷的应对之道，是毫无问题的。即便是老师，想必也是认可的吧！"

不知不觉间，他已来到了孔子家附近。

抬头一看，见大门外站着孔子的三名年轻弟子。他们像是正要进门，可认出了子贡，便特意停下脚步，等他走近。这三位都是跟几年前的子贡一样的穷光蛋。等子贡走近到相距二间（约三点六米）左右的地方，他们便执弟子礼，恭恭敬敬地对他深施一礼。子贡也以毫不逊色的恭敬姿态，给他们还了礼。随即，相互谦让了一番之后，他们才以入师门的先后顺序，鱼贯走入大门。

---

[1] 子路（公元前542—公元前480年），姓仲，名由，字子路，又字季路。春秋末期鲁国人。小孔子九岁，孔子的学生，名列"孔门十哲"（政事科）、"孔门七十二贤"。出身寒微，耿直好勇，为人爽直粗莽。任卫大夫孔悝的蒲邑宰，以政事见称。卫国内乱中，子路为救援孔悝，而在混战中被蒯聩击杀，结缨而死，被砍成肉泥，时年六十三岁。——译者注

毋庸赘言，子贡自然是他们之中的大师兄。

走进大门后，子贡心中暗忖道：

"（**原注2**）老师以前针对'贫而无怨'和'富而无骄'的问题，曾说过'贫而无怨'更难一些的话，但也未必如此。也可以说'富而无骄'反倒更难一些。总之，无论哪方面，我是都能做到的。因为，我刚才不就显示了'富而无骄'的姿态了吗？"

进入大厅时，他那容光焕发的脸庞，如同太阳一般熠熠生辉，连他自己都觉得自己的脸蛋儿有些耀眼了。当他走入那间总是那么幽暗的房间后，只觉得众多师兄弟的脸蛋儿如同苍白的星星一般，在他们的眼睛下方摇曳、闪烁着。可当他看到孔子如同一个未知世界似的端坐在正对面后，便不免有些张皇，于是在规规矩矩地行过礼后，就赶紧坐到了自己的位子上。

跟在他身后进来的那三位师弟，也在房间角落里各自落座。

作为之前话题的继续，大家又谈论一阵子"礼"后也就告一段落了。今天的授课形式似乎以学生们的自由发言为主，有点儿像气氛宽松的座谈会，故而孔老夫子并不作什么长篇大论，反倒是在用心倾听着大家的发言。然而，要是哪位的发言有一点点偏激，或是说错了什么，他老人家也是绝不会听之任之的。相反，孔子的批评总是十分严厉。可这种"严厉"，又包裹在温和的慈爱之中。就能言善辩而言，子贡在孔门弟子中可谓首屈一指。可奇怪的是，今天的他却一直沉默不语。其实他根本就没怎么认真听别人的发言。他的心思，全都用在如何以动人的言辞来发表自己在来时路上所考虑的问题上了。

"子贡，你怎么一声也不吭？真是难得啊！"

孔子终于扭头看着他，如此说道。

子贡被打了一个冷不防，不免有些慌张，可他立刻就意识到：机不可失！在此之前，每当他觉得自己的意见尚不成熟时，总要等到孔子独自一人时才前去陈述，并接受他的批评。那是因为他不愿意当着众多同门师兄弟，暴露自己稚拙的一面。然而，今天的他却是自信满满。因为他十分得意地认为，自己的想法是得到了实践的验证的。一想到自己将要当着老师与众多同门师兄弟的面披露自己那并未得益于老师指点的意见时，他就觉得十分畅快，得意非凡。不过，尽管如此，他还是克制着自己，较为谦恭地回答道：

"我本打算等大家讨论得差不多后，再就另外的问题向老师请教的……"

"是这样啊。嗯……现在差不多也可以换个话题了。"

子贡十分高兴。但是，他还是没有立刻开口。因为他不想让别人看出自己得意扬扬的神态。

"你想问的问题，到底是什么呢？"

孔子再次催促道。

于是，子贡站起身来，以他那一流的悦耳动听的语调陈述道：

"近来，我对于如何看待贫富做了一点儿思考，也自认为有了一点儿体验。我以为，'贫而无谄，富而无骄'就是这方面的极致，如果能在现实生活中做到这一点，就可以说在这方面已经是近乎完人了。"

"哦，这不跟刚才我们所讨论的'礼'是密切相关的吗？……好吧，如此说来，你已经能够做到这一点了？"

"这，还有待老师与众同门来判断。"

子贡嘴上这么说，可脸上完全是一副充满自信的表情。并且，他还悄悄地将视线投向了刚才跟他一起进门的那三位青年。

"诚然，就贫富两方面都有所体验而言，你可谓第一人啊！"

孔子的这句话听在子贡的耳朵里,多少有些嘲讽意味。不过他非常清楚,老师是不会随便讽刺人的,于是他又旋即将其理解为老师为了称赞他而作的铺垫。

"你确实做到了'贫而无谄,富而无骄'。对此,我是十分了解的。"

孔子如此说道。可奇怪的是,他的语调却十分沉重。子贡觉得自己在受到称赞的同时,仿佛也遭到了重击。

"这很好!这很好啊!"

孔子的言辞越发严肃了。此时的子贡,已完全是被训斥的感觉了。

"然而——"孔子继续说道,"对你来说,贫穷确实是一大灾难,是吧?"

子贡无言以对。在今天来这儿的路上,他甚至已经想到"贫穷本身就是一种恶"了,可奇怪的是,当孔子面对面地如此诘问他时,他又无法如实表达自己的想法。

"你在贫穷之时,为了不去讨好别人,像是下了很大的功夫。现在呢,为了不在人前骄纵,又时时留神在意着。"

"是的。并且我还自以为在这两方面都做得很成功,可是……"

"你确实是成功的。这一点刚才我已经说过了。可是,时刻留心着'不谄''不骄',不是正因为你心中还残留着'谄'与'骄'吗?"

子贡觉得像是有一把锐利的尖刀刺入了自己聪明的大脑。

孔子紧追不舍地继续说道:

"当然了,你所谓的应对之道,也是不错的。只不过那还不是最高境界的道啊!应对贫富之最高境界的道,说到底,必须是超越贫富的。你之所以要费尽心力来做到'不谄''不骄',就是因为你太在意贫富了。太在意贫富后,自然就会拿他人来与自己作比较,而'谄媚之心'或'骄纵之心'正是这种比较的结果。于是,为了征服它,就不得不费尽心力了。"

子贡除了呆若木鸡地聆听教诲,别无他法。

"(**原注3**)于是,问题就在于如何超越贫富。其结果,只有将贫富之事交于上天,而自己只管乐道好礼就是了。说到底,道原本就不是功利性的、消极的东西。所以,它本不该因贫富之类的境遇而受到影响。道,正因为是道,所以才叫人乐此不疲;礼,正因为是礼,所以才叫人心向往之。只要具有积极至纯的求道之心,无论身处何种境遇,应该都能随心所欲地加以应对。颜回就能做到这一点。他不愧是个修养到家的贤者啊!到了那种境地,什么'贫而无谄'啦,'富而无骄'啦,就都不是问题了。"

"老师,我明白了。"

子贡既为自己轻率地在众人面前发表不成熟的想法而感到羞愧难当,又从孔子的教诲中获得了新的感动。他任由两种感受在胸中往来纵横,默默地垂下了脑袋。

如此这般,房间里一时寂静无声。

少顷,不知从哪里传来了吟诵之声。此刻的子贡正因所有人的视线都集中到了自己的脸上而感到极不自在,侧耳静听了一会儿吟诵之声后,他的脑海里灵光乍现,一个记忆苏醒了:这不就是《诗经·卫风》中的"如切如磋,如琢如磨"吗?

原先,他将这两句诗理解为:以工匠雕刻象牙、玉器时的艰辛劳作为比喻,来颂扬陶冶人品的良苦用心。当然,这样的解释也并不错,却漏掉了该诗的一个重要意蕴——工匠的艺术之心,即享受劳作乐趣之心。从劳苦之中,不,是从劳苦本身寻找出生命跃动和快乐之心。

艺术并非手段。与之同理，求道也并非处世之术。正如工匠因其拥有艺术之心，从而能在艺术活动中感受到生之喜悦一样，求道者也必须拥有从道本身寻求乐趣之心。他感到，在此之前，自己仅从该诗所表现的工匠之劳苦获得感发，那是多么的肤浅啊！

想到这里，他不由自主地抬起头来望着孔子，并毫不做作、自然而然地吟出了这两句诗。此刻的他已顾不上为自己过去的愚昧而害臊，内心早就为如今的新发现而雀跃不已了。

吟完之后，他如此说道：

"老师刚才所说的，不正是该诗的真谛吗？"

孔子闻听，满脸微笑道：

"子贡，你读懂了《诗经》中的妙处，很好！这样，我就可以与你谈论《诗经》了。《诗经》的真谛，是极其深奥的，只有不屈不挠、执意探求之人，才能领悟其精髓啊！你好像已经到了如此境界了。"

子贡顿时又扬扬得意了起来，差一点儿就要带着这种神情来环视四座了，但在此千钧一发之际，他还是忍住了。

原注：

1. 子曰："回也其庶乎！屡空。赐不受命，而货殖焉，亿则屡中。"

——《论语·先进篇》

今译：孔子说："颜回几乎是一个无可挑剔的完人，却时常穷困潦倒。端木赐并不能完全领会我的教诲，可做起生意来却能屡屡吃准行情。"

2. 子曰："贫而无怨难，富而无骄易。"

——《论语·宪问篇》

今译：孔子说："要做到贫穷而不心怀怨恨，是很难的；而要做到富贵而不骄横，还相对容易一些。"

3. 子曰："贤哉！回也。一箪食，一瓢饮，在陋巷。人不堪其忧，回也不改其乐。贤哉！回也。"

——《论语·雍也篇》

今译：孔子说："颜回的修养多好啊！一竹筐饭，一水瓢水，住在偏僻的巷子里。别人要是那样早就愁死了，可他依旧乐呵呵的。颜回的修养多好啊！"

瑚琏

子谓子贱[1]:"君子哉若人!鲁无君子者,斯焉取斯?"

——《论语·公冶长篇》

今译: 孔子评介宓子贱说:"这人真是个君子啊!要是鲁国没有君子,那他又是从哪里获得这么好的品德的呢?"

子贡问曰:"赐也何如?"
子曰:"女,器也。"
曰:"何器也?"
曰:"瑚琏[2]也。"

——《论语·公冶长篇》

---

[1] 子贱(公元前502—前445年),姓宓,名不齐,字子贱。鲁国人。孔子的学生,名列"孔门七十二贤"。曾任单父(今山东省菏泽市单县)宰。在唐代被追封为"单伯",宋代加封"单父侯",明代改称"先贤宓子"。——译者注
[2] 古代宗庙盛放黍、稷的两种祭器。后以"瑚琏之器"比喻人有治国的才能。——译者注

今译：子贡问孔子道："那么我怎么样呢？"

孔子答道："你嘛，是个器皿啊。"

子贡再问："是个什么器皿呢？"

孔子答道："瑚琏。"

"子贱是个君子啊!像他那样的,才是真正的君子啊!"

孔子当着子贡的面,不住地称赞子贱。

子贱是子贡的师弟,比子贡小十八岁。当时,子贱正在鲁国一个叫作单父的地方当官。他整日弹琴,不问政事,连大堂都不下,却把单父治理得太平无事。子贱的前任名叫巫马期[1],在他主政那会儿曾经十分卖力,正所谓披星戴月,竭尽全力,可政绩却赶不上子贱。

有一天,巫马期就去问子贱:

"你到底用了什么秘诀呢?"

子贱答道:

"我用的是他人之力,而你用的是自身之力,所以你劳而无功啊!"

他的这个说法受到了世人的称赞,也传入了孔子的耳朵。孔子得知子贱尽管年纪轻轻,却能任事以德,无为而化,便由衷地感到高兴。

然而,子贡见老师在自己面前一个劲儿地赞扬比自己小得多

---

[1] 巫马期(公元前521—?),即巫马施,姓巫马,名施,字子期。春秋末期鲁国人,一说陈国人。孔子的学生,名列"孔门七十二贤",以勤奋著称。——译者注

的子贱，就很不受用了，甚至觉得老师在故意嘲讽自己。

"我早就过了四十岁了，可老师还没这样夸过我呢，连一次都没有。要说起来，反倒是贬损的时候多啊！"

想到这儿，他不免心中黯然。于是，从年轻时候起自己与老师的对话场景，便一个接一个地在他的脑海里浮现了出来。

曾几何时，他对孔子说道：

"（**原注1**）我不喜欢别人让我做我不愿意去做的事情，我也不想让别人那么做。"

孔子听后，立刻贬损了他一句：

"这个你还做不到吧！"

只要一想到当时的情形，他现在都会脸上发烧。

又有一次，孔子问他道：

"（**原注2**）在学问上，你觉得能胜过颜回吗？"

颜回是个连孔子都自愧不如的人物，所以见老师拿自己与他作比较，子贡倒也并无不快。不过这个问题本身，却并不是个令人愉快的问题。因为显然是不能回答"胜过他"的。虽说子贡心里不太服气，可要是真那么说了，就有损谦逊之德了。如果只说"不遑多让"，似乎也过得去，可又会让人觉得自己连老师也"不遑多让"，那就更糟糕了。

虽说以前孔子也有过"（**原注3**）在践行仁的时候，是连老师也不谦让的"的教诲，但此一时，彼一时，毕竟场合不同。最后，尽管子贡内心不快，仍觉得还是老老实实地谨守谦让之德为好。于是他回答道：

"我是无论如何也及不上他的。毕竟我只能做到闻一知二，而颜回能做到闻一知十啊！"

不料孔子像是早就知道他会这么回答似的，说道：

"是的。你是不及颜回的。你说得没错。你能如此诚实地回答，很好。"

可这话听在子贡的耳朵里，觉得好比一个馒头，皮儿受到了称赞，馅儿却遭到了贬损似的，心下颇为不甘。

然而，在子贡的记忆里最令他懊丧的，还是这么一件事：

有一天，他正起劲地评论着同门师兄弟呢，孔子从一旁说道：

"**（原注4）**子贡，你可真行啊！我是没这个闲工夫来品评他人的。"

可要让子贡来说的话，这世上恐怕也很少有像孔子他老人家那么喜欢品评人物的人了吧！门人弟子在品评人物时，他老人家也总要插上那么一两句的。那为什么偏偏要对自己冷嘲热讽呢？子贡心想："莫非他觉得我是个口舌之徒？说来也是啊，老师曾将我跟宰我[1]两人称作'雄辩之人'。所谓'雄辩之人'，听着倒也不错，可用来赞扬某个人的时候，其实并未触及其本质。更何况宰我不仅是个懒鬼，还谎话连篇，他才是个不折不扣的口舌之徒呢！拿他来跟我相提并论，就叫人吃不消了。"

如此这般，子贡心中回忆着往事，听着孔子不住地称赞子贱为"君子""君子"的，就越发地焦躁不安了。

"老师肯定知道我如今的价值，得让他老人家也顺带着夸我几句才好啊！"他这么寻思着，膝盖就不安分起来了。

然而，孔子似乎一点儿也没理会子贡那一反常态的模样，依旧捋着颔下的长须，眯缝着眼睛，自言自语地往下说着：

---

[1] 宰我（公元前522—公元前458年），即宰予，姬姓，宰氏，名予，字子我。春秋末期鲁国人。孔子的学生，名列"孔门十哲"（言语科）、"孔门七十二贤"。以擅长言论著称。——译者注

"可是，话又得说回来，子贱之所以会成为如此出众的人物，从根本上来说，就是因为鲁国有众多君子。子贱拥有出色的学长与朋友，真是幸运啊！"

子贡的眼里闪出了亮光。因为他虽然是卫国人，但作为子贱的学长，自以为在指导他成长方面也没少花力气。所以，他觉得孔子所说的"学长"之中，自然也包含他在内的。可是，他还是心里没底。总觉得不问清楚的话，就无法解开心里的疙瘩。与此同时，他也觉得自己绝对是不逊于子贱的。既然老师称赞子贱为君子，说不定会用更好的言辞来夸赞自己呢。渐渐地，他脸上那惶恐不安的神情后面，又透出了些许自我陶醉。

最后，他终于忍不住问道：

"老师，请您也评价我一两句吧！"

话一出口，他又担心起孔子是否会勃然变色来。他心想，老师会不会怪自己太过关注自我了呢？

不过孔子脸上却波澜不惊，显得极为平静。随后他便答道：

"你是一个器皿。"

子贡简直怀疑自己的耳朵。虽说"器皿"这个词，孔子以前在品评人物时也是经常使用的，但并不是一个好词。顶多也只表示"人才""有一技之长"之类的意思。而孔子对门人弟子的告诫中，就有"**（原注5）**君子不可成为器皿"这样的话语。因此，也难怪子贡会因孔子以"器皿"来评价自己而大感意外了。

然而，孔子却依然泰然自若，看他那神情，仿佛在说"我只是自然而然地说出了理所当然的事情而已"。

子贡大失所望，同时也深感羞愧，甚至还感到了某种愤懑。如有可能的话，他想尽快从孔子跟前离去。不过他又觉得，这么着悻悻离去，也是令人羞愧难当的。进退维谷之际，他满脸苍白地注视着孔子。

孔子依旧气定神闲,稳如泰山。令人尴尬的静默,维持了好长一段时间。

子贡终于忍无可忍。他移膝上前,结结巴巴地问道:

"老、老师,您说的器、器皿……究竟是什么器皿?"

孔子像是这才注意到子贡那非同寻常的模样似的,微微地皱了一下眉。

可随即他又露出了微笑,略一沉吟之后,淡淡地说出了两个字:

"瑚琏。"

听到这两个字后,子贡一脸茫然,只顾愣愣地望着孔子的脸。瑚琏是宗庙里举行祭祀时盛放供品的器皿。由于那上面镶嵌着宝石美玉,所以是所有器皿中最为珍贵的一种。

"瑚琏——瑚琏——"

他在心中默念了好多遍,脑海里也浮现出了放在宗庙祭坛上的那个璀璨生辉的器皿。

"器皿中的器皿——人才中的人才——一国之宰相。"

不知不觉间,他的联想开始朝着光辉灿烂的方向奔去了。与此同时,他也在心中描绘起自己那身穿宰相衣冠而立于宗庙之威仪来了。

"瑚琏。老师说得真好啊!"

当这个想法于瞬间闪过时,他脸上的欣然之色也即将焕然呈现了。

"诚然,瑚琏乃是大器。但毕竟还是器皿而已!"

从刚才起就一直关注着子贡的表情变化的孔子,此刻像是在叮嘱似的强调了一句。

子贡浑身震动，差点儿跳起身来。眼看着他的脸唰地一下就变白了。

"子贡！最要紧的是忘我之修行。老是想着自己，是成不了君子的。君子之所以能够依靠德行来发挥所有人的才能，就在于他能够忘掉自我。人才通常因自己的才能而自豪，也仅凭这一才能安身立命。当然了，这样也能为世道人心做出贡献。但由于他只能让自己做出贡献，而不能让别人也做出贡献，所以终究只能起到一个器皿的作用罢了。"

孔子用近来少有的诚挚敦厚的语调说道。

"并且……"

稍做停顿后，他继续说道：

"不能因为别人比自己年轻，就觉得人家全都落在自己的后面。绝不能小看了年轻人啊！你自己停滞不前的话，很快就会被人家赶上的。然而……"

孔子略带沉痛的表情，再次停顿了片刻。

"倘若过了四十、五十，还不能以德行闻名于世，那么这人在将来的成就也是极为有限的了。"

说到这儿，孔子的嗓音微微发颤了。

子贡仿佛失魂落魄一般，摇摇晃晃地站起身来。他刚将双手捂到脸上，就立刻抽泣了起来。

此时，孔子的眼中也噙满了泪水。

原注：

1. 子贡曰："我不欲人之加诸我也，吾亦欲无加诸人。"

子曰："赐也，非尔所及也。"

——《论语·公冶长篇》

今译： 子贡说："我不希望别人将什么东西施加于我，我也不想把它施加给别人。"

孔子说："赐啊，这可不是你所能做到的。"

2. 子谓子贡曰："女与回也孰愈？"

对曰："赐也何敢望回？回也闻一以知十，赐也闻一以知二。"

子曰："弗如也！吾与女弗如也。"

——《论语·公冶长篇》

今译： 孔子对子贡说："你与颜回相比，谁更强些呢？"

子贡回答道："我怎么敢跟颜回相比呢？颜回听到一件事，就能推知十件事；而我呢，听到一件事，只能推知两件事。"

孔子说："是啊，不如他啊！我和你都不如他啊。"

3. 子曰："当仁，不让于师。"

——《论语·卫灵公篇》

今译： "仁德当前，义无反顾，即便对方是老师，也决不谦让。"

4. 子贡方人。子曰:"赐也贤乎哉!夫我则不暇。"

——《论语·宪问篇》

今译: 子贡讥评他人,孔子对他说道:"子贡,你就够好了吗?我可没有你这个闲工夫。"

5. 子曰:"君子不器。"

——《论语·为政篇》

今译: 孔子说:"君子不能像器皿那样只有单一的用途。"

6. 子曰:"后生可畏,焉知来者之不如今也?四十、五十而无闻焉,斯亦不足畏也已!"

——《论语·子罕篇》

今译: 孔子说:"年轻人是值得敬畏的,怎么能认为后来者不如现在的人呢?而一个人到了四五十岁还默默无闻,也就没什么可敬畏的了。"

伯牛有疾

伯牛有疾,子问之,自牖执其手,曰:"亡之,命矣夫!斯人也而有斯疾也!斯人也而有斯疾也!"

——《论语·雍也篇》

今译:伯牛生病了,孔子前去探望,从窗户里伸手进去,握着他的手说:"痛失此人,是命啊!这样的人竟会生这样的病!这样的人竟会生这样的病!"

冉伯牛[1]身上呈现越来越明显的麻风病症状。无论是脸上还是手上的皮肤都变得十分干燥,却又整个儿地肿了起来,仿佛下面那些紫色的肉,随时都会像熟透的柿子一样绽露出来似的。

近来,已几乎没有朋友前来探望他了。由于他自己也不想让别人看到自己的面庞,所以这样反倒让他觉得轻松。可与此同时,无法排遣的孤寂之感,也如冰冷的秋水一般,直透他的心底。而他对疾病的怨恨,也始终在这种孤寂之下,如同黑色旋涡一般翻卷着。

尤其是在天气晴朗的日子里,当他透过窗户看到树叶沐浴在绚丽的阳光下灿然生辉时,总会因天地不公,唯独对自己如此冷酷而愤恨不已。

"在如此澄明的阳光下,竟然有活生生的躯体在不住地腐烂下去!大自然的恶意是多么的严酷啊!在充满如此恶意的大自然之中,人心怎么可能不被扭曲,怎么可能健康地成长呢?"

触景伤怀之下,他立刻就会作如此想,并马上将目光转向阴暗的房间角落。

但是,与他得知自己所患此种疾病时的震惊相比,这种心态已可说是复归平静了。他当时的感觉早已超过了悲哀与怨恨,完

---

[1] 冉伯牛(公元前544—?),冉氏,名耕,字伯牛。春秋末期鲁国人。孔子的学生,名列"孔门十哲"(德行科)、"孔门七十二贤"。——译者注

全失去了判断能力，整个人就像一个没有知觉的木偶，在屋子里没头没脑地转悠着，甚至多次试图自杀。可事后想来，这一切也无非是下意识的行为而已。

而就在他几乎绝望的时候，使他重新恢复了悲哀、怨恨之类具有人类特性的情感的，不是别人，正是他的老师孔子。

孔子不时前来探望他，并给他以安慰、斥责，以及各种教诲。然而，孔子说得最多的，还是他们一起周游列国时所共同经历过的艰辛劳苦，特别是对他们困厄于陈蔡之野，一同忍饥挨饿的那段日子[1]，感慨尤深。对于伯牛而言，这样的叙旧比什么都亲切。至于单纯的慰藉、斥责与教诲，他如今已觉得无所谓了，唯有听孔子亲口说出一起在外奔波时的困厄劳苦，才能使他恢复正常心态，并让求生之念如同涓涓之水，滴入心田。

与此同时，他的理性也渐渐地恢复了，并开始考虑起了这样的问题：如何才能克服悲哀与怨恨？如何才能不顾自己的恶疾，以跟以前一样的平静心态来专心求道呢？如何才能超越生死呢？

"（原注1）就德行而言，自己向来是被拿来与颜回、闵子骞[2]、仲弓[3]相提并论的。为此，自己也曾暗自得意，可如今看来，

---

[1] 孔子接到楚国的邀请，便离开陈国前往楚国，途经蔡国时，在其边境处被陈蔡两国军队围困了七天，所带粮食吃尽，险些饿死。史称"陈蔡绝粮"。——译者注

[2] 闵子骞（公元前536—公元前487年），名损，字子骞。春秋末期鲁国人。孔子的学生，名列"孔门十哲"（德行科）、"孔门七十二贤"。以孝著称。——译者注

[3] 仲弓（公元前522—？），姓冉，名雍，字仲弓。春秋末期鲁国人。孔子的学生，名列"孔门十哲"（德行科）、"孔门七十二贤"。品学兼优，为人度量宽宏。唐代追封为"薛侯"，北宋加封为"下邳公"，南宋又追封为"薛公"，明代改称"先贤冉子"。——译者注

自己所谓的德行，无非就是外表光鲜的镶嵌积木之类的玩意儿，只要稍遇挫折，立刻就被碰得粉碎了。在疾病、命运面前大败亏输的德行，又算得了什么德行呢？

"由此而回想起的，是困厄于陈蔡之野时，老师所说过的话：'君子固然有困顿的时候。而与小人不同的是，即便困顿，君子也不会胡来的。'——（请参照《陈蔡之野》篇）

"是啊！只有无论在怎样的境况中都不胡来的人，才称得上是真正的有德之人。可是，这种力量又从何而来呢？

"曾几何时，老师还说过这样的话：

'（原注2）大军的主帅也不是不可俘虏的，可即便是低贱的田野村夫，其节操却是不可剥夺的。'

"这是多么了不起的话语啊！可自己呢，只因生病就乱了方寸，真叫人羞愧难当。可是，形成如此坚贞不屈之操守的原动力，又是什么呢？自己对此一无所知。在此之前，自己仅仅在形式上效仿着老师与学长的言行，却怠慢了对于本性的追求。难道不是吗？"

如此深入反省中的他，倒也并不怎么不幸。虽说思想上的问题并未得到解决，可他的心中已亮起了作为人所特有的光明。至少，在此期间，他得以忘记自己那日趋腐烂的肉体。但是，只要他一翻动身体，肌肤的疼痛感就会苏醒。他也会马上去端详自己的手。然后，又用这双手去轻轻地触碰自己的脸，并小心翼翼地摸索自己的眉毛、鼻子。而在此之后，支配他内心的，就只有战栗、畏缩、猜疑和诅咒了。

也不知为何，今天从早上起，他的内心就老是七上八下的，特别不得安生。对友人的胡乱猜疑，也越来越深了。

"他们不来看我，肯定是惧怕我所得的这个病。尽管如此，他们相互之间在口头上，肯定还说着'不要惊扰病人'之类的貌似十分体贴的话吧。我看只有在这种时候，老师常说的（**原注3**）'恕''己所不欲，勿施于人'之类的话，对他们来说才是最为有用的。"

如此具有讽刺意味的想法，自然而然地浮现在了他的脑海之中。最后，他甚至觉得就连孔子说过的话，倘若真要追究起来，还不知怎么样呢。

"说到老师，他老人家也有一个来月没露面了。回想起来，就是从上次与他见面那时起，我的脸才变得越来越丑陋的。看来老师也要弃我而去了。

"'（**原注4**）在平时，所有的树木都是青翠碧绿的，只有到了冬天，才看得出到底哪棵才是常青树。'

"老师经常一本正经地讲这类话，那么他老人家，能称得上常青树吗？被人称为'圣人'之人的真面目，这次总算是看清楚了。而这，或许也拜如此怪病之所赐吧。"

想到此，伯牛那张眉毛和眼睫毛都已脱落，且浮肿、歪扭的脸上露出了嘲讽意味的微笑。然而，笑过之后，他又感到了难以忍受的沮丧。他觉得自己竟为了揭下孔子一人的假面具而成了牺牲品。

"到目前为止，为了孔子一人，我们吃了多少苦，遭了多少罪啊！并且，只有得了这样的怪病，才能看清他的真面目。孔子这人，真的值得别人为他做出如此之大的牺牲吗？"

他居然产生了如此荒唐的想法，简直就跟疯了一般。

"老师来看你了。"

就在此时，下人突然跑到门口来禀报道。

伯牛大吃一惊。一时间他如同刚从噩梦中醒来一般，浑浑噩噩，只顾盯着房顶看。随后，他就着急忙慌地坐起身来，但很快又躺下了，并拉过被子蒙头盖住。被子下面的肩膀处，却在剧烈地颤抖着。

"可以将老师领到这儿来吗？"

下人走近他的病榻问道。

没有回答。

下人歪着脑袋想了一下，便自顾点了点头，走出了屋子，关上了房门。

五六分钟过去了。伯牛一直在被子下面颤抖着。突然，从窗外传来了孔子的声音。

"伯牛，我也并非一定要看你的脸啊。我好久没来了。觉得能听到你的声音也是好的。"

"……"

"近来的病情怎样？还是不见好转吗？不过，只要能保持内心安宁，也就行啊。倘若内心不能保持安宁，那就是君子之耻了。"

"老师，请、请您原谅我。"

伯牛在被子下面哽咽着说道。

"没关系。你就这样好了。我非常理解你的内心。应该说，这种不想让人产生不快的想法，是极为正确的。可是……"

孔子停顿了一下，又继续说道：

"（原注5）万一你是以患病为耻辱，从而蒙住了面庞，那就不能说是正确的了。你患病，是天命。对于天命，唯有全盘接受，忍耐顺从。而顺从天命，正是大道啊！也唯有践行此大道的人，才能真正完成知、仁、勇，才能开拓无惑、无忧、无惧的心境。"

伯牛呜咽不已。这呜咽声，十分清晰地传入了站在窗外的孔子的耳朵。

"伯牛，把手伸出来。"

说着，孔子也将自己的手伸进了窗户。他的脸贴近窗框上方，故而从屋内根本无法看到。

伯牛将皮肤已犹如象皮一般粗糙的手，抖抖索索地从被子底下伸了出来。不知何时，孔子的手已牢牢地握住了伯牛的手。

被子底下，再次响起了悲痛欲绝的呜咽之声。

"伯牛，我与你都将不久于人世了。一定要保持内心的安宁。"

说完，孔子便放开了伯牛的手，平静地朝门外走去。其间，他多次回望这位追随者，频频叹息。

"天命！天命啊！如此人物，却患上了如此怪病。唉！这又是多么的残酷啊！"

大约过了半个小时，伯牛才悄悄地从被子底下，探出了他那张犹如被雨淋过的毒蘑菇似的脸来。他仔细擦拭了全身的汗水，平静地坐在被褥上。他感到，在自己那充满悔恨的心中，吹过了一道清新的凉风。

"（原注6）如果在早上领悟了道，那么即便晚上就死去，也就没什么可遗憾的了！"——他回想起了老师以前说过的，这么一句意味深长的话来。

"永恒，存在于当下之一瞬。活在当下之道的心，才是超越生死的永恒之心。"

他暗自思忖道。

"天命——是啊。一切都是天命。病人也好，健康人也罢，全都活在巨大无垠的天命的怀抱之中。天是浑然一体的。天心，是没有自他的分别的，更别说什么恶意了。天只顾走它该走的道。仅此而已。而只有领悟了天道的人,才能活在当下之道。"

此时此刻,他才终于懂得了孔子的内心。于是,他久久地,久久地凝视着那只刚才被孔子握过的手。

他的心中只剩下宁静与光明。他已经丝毫也不为自己肉体的丑陋而感到羞耻了。他就这么心醉神迷地坐在被褥上,甚至觉得无论什么时候死去也无所谓了。

原注:

1. 子曰:"从我于陈、蔡者,皆不及门也。"

德行:颜渊,闵子骞,冉伯牛,仲弓;言语:宰我,子贡;政事:冉有,季路;文学:子游,子夏。

——《论语·先进篇》

今译:孔子说:"跟着我在陈国、蔡国受困绝粮的学生,如今都不在这儿了。"

学生中德行好的有颜渊、闵子骞、冉伯牛、仲弓;能言善辩的有宰我、子贡;善于从政的有冉有、子路;熟悉古代文献的有子游、子夏。

2. 子曰:"三军可夺帅也,匹夫不可夺志也。"

——《论语·子罕篇》

今译:孔子说:"一国的军队,可以夺去它的主帅;一个普通人,却不能剥夺他的意志。"

3. 子贡问曰:"有一言而可以终身行之者乎?"子曰:"其'恕'乎!己所不欲,勿施于人。"

——《论语·卫灵公篇》

今译: 子贡问道:"有一个字,可以奉行终身吗?"孔子说:"大概就是'恕'了吧!自己不想要的,不要强加给别人。"

4. 子曰:"岁寒,然后知松柏之后凋也。"

——《论语·子罕篇》

今译: 孔子说:"到了寒冷的季节,才能知道松针柏叶是最后凋落的。"

5. 子曰:"知者不惑,仁者不忧,勇者不惧。"

——《论语·子罕篇》

今译: 孔子说:"有智慧的人不会疑惑,有仁德的人不会忧虑,有勇气的人不会害怕。"

6. 子曰:"朝闻道,夕死可矣。"

——《论语·里仁篇》

今译: 孔子说:"早上得知真理,当晚死了也无所谓。"

言志

颜渊、季路侍。子曰:"盍各言尔志?"
子路曰:"愿车马衣裘,与朋友共,敝之而无憾。"
颜渊曰:"愿无伐善,无施劳。"
子路曰:"愿闻子之志!"
子曰:"老者安之,朋友信之,少者怀之。"

——《论语·公冶长篇》

今译: 颜渊(颜回)、季路(子路)侍立在孔子身旁。孔子说:"你们何不说说各自的志向呢?"

子路说:"我愿将车马、衣服和朋友共同使用,即使用坏了也不感到遗憾。"

颜回说:"我愿不夸耀自己,也不想炫耀自己的功劳。"

子路说:"我想听听老师您的志向。"

孔子说:"让老人安逸,让朋友信任我,让年轻人得到关怀。"

一天傍晚，在众弟子都回去后，孔子与颜回、子路轻松地闲聊了起来。颜回是孔子最喜欢的学生。因为颜回总能从孔子的只言片语中领悟到深刻的含义，并予以身体力行，从不怠慢。颜回确实拥有一颗闻一知十的聪明脑袋。然而，真正打动孔子的却不是他的大脑，而是虔诚的心。孔子总以为，颜回的这颗心，才是真正的人间至宝。

子路也是孔子喜欢的弟子之一。他在孔门弟子中年龄最大，只比孔子小九岁，可他的一颗心，却比谁都年轻。而他那种毫不逊色于年轻人的蓬勃朝气，时常会逗得孔子欣然开颜。然而，同样是喜欢，孔子对于子路的喜欢与对于颜回的喜欢，却是大异其趣的。孔子对于颜回的喜欢，会让人觉得几乎就是对于真理本身的喜欢；而对于子路的喜欢，却并非如此。

对于子路，孔子总是怀有一种深深的忧虑。由于自尊心作怪，子路看待事物总是那么的肤浅。在身体力行、践行道义方面，子路可谓勇往直前、百折不挠，绝不输于任何一名同门师兄弟，可问题是，他所践行的道义，往往只是第二义、第三义。更何况他动不动就坚信自己所行的是正义之道，便一路高歌猛进，结果南辕北辙，撞得头破血流。越是精力充沛，越是雷厉风行，他在这方面的危险性也就越大。因此，孔子看到子路那种干劲十足的模样就不禁失笑，但这种笑容往往维持不了多一会儿。且在微笑之后，他总会愁绪满怀。

尤其是像今天这样，暮色苍茫之中，只有颜回与子路两人侍坐身旁，相较于颜回的病弱之躯，子路显得越发的雄壮了，可他那种顾盼自雄的模样在孔子的眼里，反倒显得那么的空虚、寒酸。所以，孔子才决定，这次要设法让子路好好地反省一下。

事实上要让子路反省，也确实很难找到像这次这样的好机会。因为子路的自尊心特强，孔子倘若当着众多门人弟子的面，尤其是当着子路觉得在学问上都是晚学后进的门人弟子的面直截了当地训诫他的话，他是会受不了的。可要是说得过于委婉，那他明知这是在讽喻自己，也会装出一脸跟自己无关的表情而糊弄过去的。他的自尊心，已经到了如此地步了。

然而，只有面对颜回的时候，子路才不会在意自尊心。颜回虽说对任何人都很谦恭，而对于年长于他的子路，则谦恭得更为彻底。对于子路所说的话，颜回有时甚至能发掘出子路自己都没想到的深刻含义，并由衷地表示敬佩。每逢这种场合，饶是子路也不免害臊，可他内心也会因颜回高看自己而暗自窃喜。

正因为这样，在平日里，只要是面对颜回，子路总会感到轻松自在、亲密无间。孔子也很清楚，只有颜回在场的情况下，稍微说子路几句，子路是不会觉得怎么难受的。

尽管对于子路的如此心态，孔子也不无悲哀之感，可他仍然觉得告诫子路时，还是没有其他人在场为好。即便是这样，孔子也没有劈头盖脸地批评子路，而是以与他们二人闲聊的方式来启发子路。

"今天，你们各自说一下自己的理想，怎么样啊？"

一听到这话，子路立刻就两眼放光，还探出了身子，像是马上就要开口了。他这副急迫的模样孔子自然也看到了，可孔子故意转移视线，朝颜回的脸上看去。

颜回却不动声色，只是静静地闭着眼睛，像是在内心深处探寻着什么。

子路不理解老师为什么不给自己发言的机会，有点儿按捺不住心中的不平，便喊了一声：

"老师！"

无奈之下，孔子只得朝子路看去。

"老师，我希望在做了大官，取得了可以坐马车、穿裘皮衣服的身份地位之后，与朋友一同乘坐那马车，让朋友也穿穿那裘皮衣服。就算朋友将马车坐坏了，将裘皮衣服穿破了，我也绝无怨言。"

孔子听出，子路似乎在说自己已经超越了物欲，可他却又设置了一个自己先要出人头地的前提，且看待朋友也不无居高临下的意味。为此，孔子感到极不满意。于是，他再次将催促的目光投向了颜回。

颜回以一如既往的谦恭姿态倾听着子路的发言，听完之后，他再次闭上眼睛沉吟了片刻，这才平静地开口说道：

"我只希望既不夸耀自己的美德，也不炫耀自己的功绩，只是真心诚意、勤勤恳恳地做自己该做的事情。"

孔子一边听，一边微微点头。听完之后，孔子再次朝子路看去，想看看他有什么反应。

子路觉得颜回的话里似乎藏着什么深意，相比之下，自己所说的那些，就显得相当肤浅了。为此，他多少有些害臊。可与此同时，他那超强的自尊心也开始抬头了。于是，他偷偷地瞟了一眼颜回的脸。可颜回仍一如既往，端端正正地坐着，丝毫也没有嘲弄子路的理想的意思。见此情形，子路这才松了一口气。

然而，子路更为担心的，其实是孔子有怎样的想法。故而他又惴惴不安地等候着孔子开口说话。但孔子只是凝视着他，却不发一言。

沉默，持续了好长一段时间。对于子路来说，这是一段难受得几乎令人窒息的时间。他垂下眼来，看着孔子膝盖处。可他感觉得到，孔子的视线正射向自己的额头。他多少有些焦躁。而连颜回也一声不吭，只是一味地谦恭着，就越发地刺激他的神经了。子路甚至从未有过地，对颜回也生起气来了。最后，他终于忍不住，诘问似的对孔子说道：

"老师，那么您的理想又是怎样的呢？您能告诉我们吗？"

孔子见子路面对颜回也不能抛弃那种无聊的自尊心，不由得黯然神伤。于是，他将怜悯的目光投向子路，缓缓答道：

"我只希望让老人们得以安逸；朋友间相互信赖；让年轻人亲近我。"

闻听此话，子路不觉一愣：这也太平淡无奇了。相比之下，自己刚才所说的理想也不见得差到哪儿去。想到这儿，刚才心中那股子焦躁不安也就一扫而光了。

与此相反的是，颜回那张平静的脸上，却泛起了淡淡的红潮。在此之前，他曾有过好多次，觉得"这回总算能赶上老师的境界了"，结果却总是被孔子轻描淡写地化解掉。他这时的感受也是如此。他意识到，自己还是太在意自我了。

老师所考虑的，只有老人、朋友和年轻人，并以此来规范自己的言行。这就是老师的道。而自己所说的"不夸耀自己的美德"也好，"不炫耀自己的功绩"也罢，说到底，还是以自我为中心的思考方式。并且，这还是绞尽脑汁之后想出来的抽象理念。

而自己的身边，随时都能看到老人、朋友和年轻人，作为一个人，只需面对这样的现实，该干什么就干什么，不就行了吗？只要不斤斤计较于一己之私，哪还有什么"夸耀"与"炫耀"呢？想到此，他就不由自主地在孔子面前垂下了脑袋。

　　孔子见自己的话语对颜回产生了意想不到的影响，心中感到无以言表的欣慰。可是，看到作为主要启发对象的子路，却依旧沉浸在浅薄无聊的自尊心里，他也就越发地黯然神伤了。当天夜里，睡到床上之后，孔子仍在为子路操心。

子路之舌

子路使子羔[1]为费宰。

子曰:"贼夫人之子。"

子路曰:"有民人焉,有社稷焉,何必读书,然后为学?"

子曰:"是故恶夫佞者。"

——《论语·先进篇》

今译: 子路叫子羔去任费县的地方官。

孔子说:"你这是在误人子弟!"

子路说:"那地方有百姓,有土神谷神,为什么一定要读书才叫作学习呢?"

孔子说:"所以我讨厌巧舌如簧的人。"

---

[1] 子羔(公元前521—公元前393年),姓高,名柴,字子羔,又称子皋、子高、季皋。卫国人,一说是齐国人。孔子的学生,名列"孔门七十二贤",比孔子小三十岁,为人憨直忠厚。——译者注

子路做了季氏[1]的家臣，一度非常得势，只要别人有求于他，便充分发挥他那老大哥式的做派，曾给许多人谋上了差事。子羔被任命为费县的地方官，也是那时的事。

在季氏的领地内，费县是以难以治理而闻名的，即便如闵子骞那般杰出的人才，也不能把那里治理得服服帖帖，更何况子羔年纪轻轻的，学问也还只是半瓶子醋，虽说人品、性格倒也不坏，可多少有些愚钝，所以无论怎么看，他都难以胜任。

得知此事后，最担心的不是别人，正是他们的老师孔子。

"子路这人也真是的，做起事来全无头脑，只是一味地鲁莽，却不知人事安排是必须慎之又慎的，否则的话，政事从根上就弄歪了。而且，事情搞砸了，最可怜的还不是子羔本人吗？或许他现在觉得很开心，以为可以出人头地了，可照我看，他的政治前途就此毁掉也未可知。因为，愚钝之人越是卖力，就越是自掘坟墓啊！"

然而，子路却连做梦都没想到老师会责怪自己。他甚至还为自己尽可能多地帮孔子的门人弟子走上仕途而深感自豪。他认为，这是扩大孔子教化之影响的最有效的方法，也是最能让孔子

---

[1] 季氏，又称季孙氏，春秋时期鲁国贵族季友之后，与孟孙氏、叔孙氏并称"三桓"。此指季康子，即季孙肥，鲁国的正卿。——译者注

高兴的做法。于是，在某日，他便兴冲冲地来找孔子，告诉他自己举荐子羔做官的事情。

不料孔子却冷冰冰地说道：

"你这是在误人子弟！"

说罢，便一声不吭地紧盯着子路。

子路有些不知所措。虽说在孔子的门人弟子中，他原本就是挨孔子批评最多的一个，可还从未像今天这么被老师如此出乎意料、如此粗暴生硬地对待过。他眨巴着眼睛，心想："也许是老师理会错了吧！"

于是，他尽可能放缓口气，又汇报了一遍：

"老师，最近，我举荐子羔去做费县的地方官了。"

"我知道了。"

孔子答道。他依旧紧盯着子路的脸，连眉毛都没动一下。

子路心想：不好！老师今天有些不大对头啊！不过他还是压根儿就没想到自己举荐子羔出去做官有什么不对，故而他微微地低下头，说道：

"老师，又有一名同门师弟走上了仕途，就弘扬道义而言，应该觉得高兴啊！"

"误人子弟，可不是什么道义！"

"糟了！"——直到此刻，子路才终于明白了惹老师生气的理由。可是，他那个不肯老老实实马上低头认错的老毛病又犯了。而更让他感到难以接受的是，孔子以为他举荐愚钝的子羔是由于他缺乏知人之明。

"我怎么就缺乏知人之明了？子羔为人怎样，我很清楚啊！既然知道，还要举荐他，我自然是有道理的。"

他想让孔子了解这一点。

"老师,您是说,我这么做,实则对子羔不利吗?"

孔子尽量装出若无其事的样子,问道:

"难道你觉得不是这样吗?"

孔子的态度依旧十分严厉。

"当然了,我也觉得这副担子,对于子羔来说,似乎有点儿过重了……"

"不是什么'有点儿',他的学业尚未完成呢!"

"所以我想让他在实践中边干边学啊!"

"在实践中学习?"

"是的。又不是光读书才叫学习。"

情急之下,子路直接运用起了孔子经常教诲他们的话语来。

孔子听后,立刻转移了视线,连脸都扭曲了。不过此刻的子路根本顾不上仔细观察老师的表情变化,他好不容易逃脱了老师的凝视,才刚松了一口气,随即便口若悬河地说了起来:

"在费县,有需要治理的百姓,有需要祭祀的神明,而治理百姓,祭祀神明,才是活生生的学问啊!老师您不是常说,真正的学问是必须身体力行的吗?所以,我觉得尤其是像子羔这样,尚不能通过阅读古书来学习的人,更应该早日投身到实务中去。因为,无论是谁,有具体事务摆在面前,都是无法敷衍塞责的。"

子路一口气讲完后,一边静候着孔子的回应,边为自己能在关键时刻运用老师的一贯主张,并能以自己的语言完美地表达出来而感到得意。

可是,孔子却将脸扭向一边,一声也不吭。他紧闭双眼,像是在思考着什么。

见此情形,子路又于心不忍了起来。他以为,自己刚才的话击中了要害,饶是老师也无话可说了。他知道这时应该说几句救场的话，可这方面又非他所长，故而他也只能像个木头人似的愣着，不吭一声。

可是，渐渐地，子路又害怕起孔子的沉默来了。因为，孔子的沉默向来是非同小可的。子路偷眼瞄了一眼孔子的侧脸，终于开始自我反省起来：

"自己真的相信刚才对老师说的那些话吗？"

不！——他不得不立刻对自己做出了如此回答。

"不用老师说，事情也是明摆着的：我这么做，对子羔绝无好处！那么，我到底是为了什么而要举荐子羔呢？是为了费县的百姓吗？当然不是。既不是为了子羔本身，也不是为了费县百姓，那么——"

想到此，他已经觉得在孔子面前无地自容了。他竟然心想：能不能找个机会溜走？正因为他生性鲁莽，所以一旦深刻反省后，也就羞愧难当了。

就在此时，孔子将脸转了回来。对于子路来说，简直就是射来了一道闪电。但孔子的声音，依旧是从容不迫的。

"（**原注**）我是不会因为其能言善辩就相信一个人的。因为，并不能因此判断他是真的笃行道义之人，还是徒有其表之人。我们应该知道，有些恶行，是装饰着无法从正面加以反对的道理的。为了行自己的善而害了他人，就是其中之一啊！干这种事的人，说起道理来总是头头是道。而我——"

说到这儿，孔子突然严厉了起来：

"是十分痛恨那种巧舌如簧的人的！"

子路辞别了孔子，失魂落魄地离去了。据说他真正理解身体力行之学问的真谛，正是那以后的事情。

原注：

子曰："论笃是与，君子者乎？色庄者乎？"

——《论语·先进篇》

今译： 孔子说："我总是推许言论笃实的人。可问题是，这是君子一类的人呢？还是仅仅从容貌上看起来庄重的人呢？"

故步自封者

冉求曰:"非不说子之道,力不足也。"
子曰:"力不足者,中道而废。今女画。"
——《论语·雍也篇》

今译: 冉求说:"不是不喜欢您的学说,是我的力量不够啊!"

孔子说:"力量不够的人,会半途而废。但是,你现在还没起步就划了界限。"

"冉求[1]近来怎么了？老是垂头丧气的。"

也难怪孔子要这么说，确实，最近这一两个月里，冉求总是一脸的无精打采。他也并非身体不适，可就是提不起劲儿来。

且不论表面上怎样，其实他入孔门的真实目的，就在于寻求一官半职。由于当时要做官，是必须通晓诗、书、礼、乐的，而这方面公认的权威人物，就是孔子。只要成为孔子的门人弟子，就能成为有用之人，并轻而易举地踏上仕途——他就是揣着这么个心思，才发愤攻读的。

然而，他在跟随孔子学了一段时间后，一个疑问就油然而生了。他发现孔子的学问与他预想的大相径庭，似乎根本没什么实际用途。诚然，比起空洞的理论，孔子向来是更重视实践的。这一点，冉求也很清楚。可清楚归清楚，但这类实践是脱离世俗生活的，要是忠实地执行下去，眼见就要成为现实生活中的失败者。他心想，自己可不是为了追求美丽的空想而入孔门求学的，希望老师能教些更为实用的东西。

---

[1] 冉求（公元前522—公元前489年），冉氏，名求，字子有，通称冉有、冉子。春秋末期鲁国人。孔子的学生，名列"孔门十哲"（政事科）、"孔门七十二贤"。以政事见称，多才多艺。长期为季氏家臣，协助季氏进行田赋改革。曾因帮季氏敛财而受到孔子的严厉批评，后在孔子的教导下逐渐向仁德靠拢，人格也渐趋完善。——译者注

再说，尽学些美好理想似的玩意儿，一来二去的，大好时光就这么浪费了，谁知道要到什么时候才会有入仕的机会呢。对了，要说起来，孔子他老人家似乎一点儿也不积极地去为我们这些门人弟子开拓仕途。他常说什么"**（原注1）**只要自己有实力，就不必担心默默无闻"之类的话，放在如今这个时代，这话也太过迂腐了吧。虽说也不能不管三七二十一地予以推销，可还是希望他老人家能多少理解一下我们做弟子的心思，想办法稍稍提高一下我们的知名度啊！

总之，如此现状，是绝对不容乐观的。当然了，师兄弟中也有像颜回那样的死心眼儿，乐此不疲地效仿着老师的一言一行。但对于身体如此羸弱，反正也当不了繁忙的政治家的颜回来说，除了以此来自我安慰一下，还能怎样呢？可是，要是将我辈与颜回一视同仁，以为只要学他的样儿就行，就叫人难以接受了。颜回就个人品德而言，或许是无可挑剔的。可是，要从政的话，不仅需要子路那般的蛮勇，还需要子贡那般的奢华。怎么能千篇一律、千人一面呢？无视每个人的个性，还算什么教育？还算哪门子道呢？

如此这般，他牢骚满腹地度过了很长一段时光。在此期间，他也准备了各种理由，与孔子交涉了好多次，可每次都被孔子三言两语反驳得哑口无言。其实，与其说是被驳倒了，给他的感觉更像是被轻轻地抱起来放在一边，脑袋上再轻轻地挨了两下。结果自然是他每次都觉得十分沮丧。且在此之后，他的内心就被莫名其妙的空虚之感所支配了。

随着日子一天天过去，他就发现孔子对于弟子们的内心竟是了如指掌的，并为此而感到震惊。就拿他自己来说吧，在与孔子交谈时，无论他怎么花言巧语，孔子总能赶到他的前面，挡住他的去路。哪里是什么"无视每个人的个性",而是看透了每个弟子的心思,并总能一语中的,击中要害,简直就跟拥有魔法一般。而这一切,绝不是他老人家的临场发挥,而像是在他的心里安放着一台精密的机械,能根据不同的时机、场合,得心应手地输出各种对策似的。

"道,只有一个"——这话常听他老人家说起,应该就是指他所掌握的道吧。可是,这个"道"的真谛究竟是什么,却不得而知。有时说是"仁",有时说是"忠恕"。当然了,在语言层面,随他怎么说都行,可要真正体悟其精神实质,就不那么容易了。而这个"道",就是他老人家在处理日常事务时的力量源泉,绝不是自己之前以为的"美丽的空想",而是充分具有客观性的,源自现实生活的、活生生的真理。掌握这个"道",才是真正的学问。

渐渐地,他意识到了这一点,与此同时,他的心态也发生了转变,开始觉得做不做官也无所谓了。当他以如此心态来观察同门师兄弟时,就发现颜回果然是出类拔萃的。闵子骞、冉伯牛和仲弓也相当优秀,宰我和子贡多少有些自以为是,子夏[1]和子游[2]则稍稍有些浅薄了。而子路在他眼里,就是个漏洞百出的野心家。反观自己时,他又总会感到不寒而栗。

---

[1] 子夏(公元前507—?),卜氏,名商。春秋末期晋国人,一说卫国人。孔子的学生,名列"孔门十哲"(文学科)、"孔门七十二贤"。少时家贫,苦学而入仕,曾任莒父(今山东省日照市莒县)宰。孔子死后,他来到魏国的西河(济水、黄河间)讲学,吴起、李悝等都出自他的门下。——译者注

[2] 子游(公元前506—?),姓言,名偃,字子游,亦称言游、叔氏。春秋末期吴国人。孔子的学生,名列"孔门十哲"(文学科)、"孔门七十二贤"。曾为武城宰。——译者注

他像子路一样热衷于政治，却又不具备子路那般的刚健与纯朴，而是每每玩弄一些小花招来对付别人，又寻找一些借口来对付自己。虽说在同门师兄弟中有着谦逊的好评，可他自己清楚得很，这其实是出自死不认输与狡诈的假谦逊。他觉得自己的内心深处，像是栖息着一个卑怯、狡猾的黄鼠狼似的小动物，它总是违背自己的心愿，唆使自己与孔子作对。

"我是在求道。这一点是毫无疑问的。"

确实，他相信就是这样的。可与此同时，他的内心深处又有着某种想逃离"道"的心思，而这也是毫无疑问的事实。

"不行。我原本就是个与老师的道无缘的人啊！"

最近，他开始有了如此深切的感想。也好多次想去拜别孔子，退出孔门，可又怎么也下不了决心。就在此磨磨蹭蹭、拖拖拉拉之际，他心中的那只黄鼠狼就越发起劲地唆使他去玩弄一些小花招，而每次这么玩弄过后，只会令他陷入更为深沉的空虚之中。

于是他的脸色越来越苍白，越来越无精打采，连孔子都为他担心起来了。

一天，他终于提出了要单独面见孔子的请求。他要向孔子倾吐心中的一切，并求得孔子的教诲。然而，当他走进孔子的房间后，心中的那只黄鼠狼又活动开了。

"我非常敬仰老师所教导的道。可遗憾的是，我是心有余而力不足啊！"

话说得轻飘飘的，毫无诚意，就连他自己听了都大吃一惊。

"我到底是为了什么才请求与老师单独见面的呢？这种不痛不痒的话，不是随时都能说的吗？就这么着，想必老师也会觉得我莫名其妙吧！"

他心中暗忖着,战战兢兢地抬头朝孔子的脸上望去。

可出乎他意料的是,孔子的脸上露出了极为紧张的表情,且目不转睛地盯着他看了好一会儿。

"你心中十分苦闷吧?"

孔子的话音里饱含着同情。

冉求心中的黄鼠狼,一听到这话,就赶紧将小脑袋缩了回去,取而代之的是一股真切的感动之情,在他的胸中奔流激荡着。他此刻的心情,简直就跟小孩子一头扎进了母亲的怀抱一般,想要尽情地撒娇,尽情地倾吐委屈。

"是的,老师,我苦闷极了。也不知为什么,我总是不能袒露心扉。我知道,长此以往,即便继续跟随老师求学,最后还是一无所成的。"

"我理解你的心情。不过,觉得苦闷,反倒比不觉得苦闷好啊。你要将'苦闷'理解为一大进步。应该感谢它。何必要感到绝望呢?"

"可是,老师,我不具备掌握真正的'道'的天赋啊。我原本就是个废物。我是个胆小鬼!我是个伪君子!我……"

冉求像是突然从某种束缚中挣脱出来了似的,一个劲儿地贬损着自己。

"住嘴!"

此时,冉求的耳边响起了孔子异常威严的声音。

"冉求,你是想通过揭露自己的缺点来求得暂时的安慰吗?你要是有这个闲工夫,还不如多苦闷一会儿呢!你还狡辩什么'心有余而力不足',不竭尽全力地去做,又怎么知道力足不足呢?力不足之人,自会中途倒毙。只有倒毙,才能证明其精力不足。你都没倒下,就预设自己力不足,这是对上天的亵渎!在所有的丑恶之中，没有比尚未开始尝试就否定自己的做法更丑恶的了。因为，这意味着否定生命本身。不过……"

孔子稍稍放低了一点儿声调，继续说道：

"你也没有完全否定自己的能力。你用这些话向我狡辩，其实也在向自己狡辩。这是要不得的。这就是你最大的缺点。"

冉求狼狈不堪。他觉得那只主动缩回了小脑袋的黄鼠狼，早就被孔子看得一清二楚了。

孔子语调平缓地继续说道：

"（原注2）因为，这说明你那求道之心，尚未熊熊燃烧起来啊！求道之心一旦真正燃烧起来，就会烧尽阿谀奉承之心——无论是对他人，还是对自己。然后就会返回朴实之心。本来，仁就不在遥不可及的远方。觉得仁在遥不可及的远方，是因为你的心上挂着许多毫无用处的装饰物，从而与之重重阻隔。也就是说，一切都在于你还没开始真心求道。怎么样？是这么个道理吧？"

冉求恭恭敬敬地低下了头。

"总之，说自己能力有限之类的话，只能让自己害臊，而不能为自己辩解。就跟外面年轻人常唱的那样：

'（原注3）棠棣花开，

飘飘荡荡。

色泽娇艳，

招我前往。

我欲前往，

一睹芬芳。

路途遥远，

如何前往？'

"对相信生命的力量的人来说,这无疑是一首半吊子之歌。哪有什么'路途遥远'呢?所谓'路途遥远',不就是你相思不浓吗?哈!哈!哈!"

孔子开怀大笑了起来。

冉求带着近来从未有过的明快表情走出了屋子,每一步都充满着崭新的力量。

原注:

1. 子曰:"不患人之不己知,患其不能也。"
——《论语·宪问篇》

今译:孔子说:"不愁别人不了解自己,愁的是自己没才能。"

2. 子曰:"刚、毅、木、讷,近仁。"
——《论语·子路篇》

今译:孔子说:"坚强、果决、质朴、慎言,这些品德就与仁德很接近了。"

子曰:"仁远乎哉?我欲仁,斯仁至矣!"
——《论语·述而篇》

今译:孔子说:"仁很遥远吗?我想要仁,它就来了。"

3."唐棣之华,偏其反而。岂不尔思?室是远而。"

子曰:"未之思也,夫何远之有?"

——《论语·子罕篇》

今译: 古诗上说:"唐棣树的花,翩翩摇摆。难道我不想你吗?只因家住得太远了。"

孔子说:"这不是真的想念,如果真的想念,哪有什么远不远的呢?"

宰予昼寝

宰予昼寝。子曰:"朽木不可雕也,粪土之墙不可圬也,于予与何诛?"子曰:"始吾于人也,听其言而信其行;今吾于人也,听其言而观其行。于予与改是。"

——《论语·公冶长篇》

今译: 宰予在大白天睡觉。孔子说:"腐烂的木头雕刻不得,脏土的墙面粉刷不得;对宰予,还有什么可说的呢?"

他又说:"原先,我对于别人,是听了他的话,就相信他的所作所为的;而今,我对于别人,听了他的话,还要考察他的所作所为。就是通过宰予这件事,我才改成这样的。"

睡足了午觉的宰予心满意足地睁开了眼睛。四周一片寂静。他大大地伸了个懒腰，打了个哈欠，慢吞吞地下了床。随后，他坐在椅子上，在桌上支起腮帮子，直愣愣地望着窗外。

院中的石板地上已经有了日影。两三只麻雀慌忙从那儿飞了起来，落在了屋顶上。屋面上的瓦片反射着金黄色的阳光。在此亮光中，成排的麻雀犹如一个个漆黑的点。

有点儿睡过头了吧，他心想。随即便神色略显紧张地侧耳静听了起来。

这时，从远处的屋子里传来了轻微的说话声。

"果然是睡过头了。"

想到这儿，他不免有些慌张。从椅子上站起身来后，便匆匆忙忙地就要走出房间。可是，来到门口时，他又突然站定了身躯，将目光落到了地板上。

"得找个借口啊。不然的话，就有些说不过去了。"

随后，他就蹑手蹑脚地在房间兜起了圈子。他一边走，一边时而摇头，时而点头。接着又再次回到了书案旁，用袖子一个劲地擦起眼睛来。这一通忙活完了，他这才装出若无其事的样子，走出了房间。

沿着走廊，来到大伙儿聚集着的房间门前，他再次站定身躯，侧耳静听。屋里的谈话声已相当热烈了。老师孔子的声音也清晰可闻。他又一个劲儿地摇起头来。但最后还是下定了决心，推开了房门。

说话声戛然而止，大伙儿的视线齐刷刷地朝他的脸上射来。他觉得脚下的地板仿佛掉下了深渊，两个膝盖咯咯发抖。不过，他好歹还是走到了孔子的跟前，强装镇静地行了一个礼。

孔子朝他瞟了一眼。他知道机不可失，此时应该说点儿什么才好，却又什么也说不出来，只是尴尬地咽了一口唾沫。

"所以说……"

孔子旋即将视线扫向众人，继续说道：

"即便大家能在一起学习，也很少能一起求道啊！"

宰予觉得这是在说自己，于是呆若木鸡、动弹不得了。孔子则语调舒缓地继续往下说道：

"（原注1）即便能一起求道，到了关键时刻能毫不动摇地确立信念，且能一起采取行动的人，也是少之又少的。"

宰予心想，这就不仅限于我了。于是他便稍稍放松了一些。可他还是觉得马上回到自己的座位上去不太合适，便依旧站在那儿。

"可是……"

说着，孔子微微探出了一点儿身子：

"到此为止，就是所谓的人进步的类型。无论信念多么坚定的人，只要还落在这个类型之中，就还不足以与之共事。只有脱离了这样的类型，适应了千变万化的现实情况，还能够自由自在且正确无误生活的人，才能真正与之共事。只是那样的人，正所谓凤毛麟角，实在是太少了。"

宰予心想，这也太难了吧。可他又觉得，只要施展出随机应变的才能，自己也不输于那"凤毛麟角"的。总之，到了这会儿，他已经完全放松了，于是便朝自己的座位走去。

说完了话，注视着宰予的孔子，在他正要坐下去的那一瞬间，突然喊了一声：

"宰予！"

声音并不太高，却令宰予心里"咯噔"了一下。

宰予重新挺直了刚要弯曲的膝盖，又开始直挺挺地站着了。

"我们所讲的道理，对你是不适用的。你还是回去睡觉吧！"

大伙儿一下子都将目光转向了孔子，旋即，又一同转向了宰予。宰予觉得自己犹如身处无声的风暴之中，身体也仿佛随之飘荡了起来。不过他的意识还是十分清醒的。于是他快速地说道：

"我迟到了，非常抱歉！可是……"

"可是？"

遭到孔子的反问，宰予不免内心一慌，下面的话便卡住了。孔子则乘胜追击道：

"你要是想为睡午觉开脱，就免了吧。那样只会让你错上加错。"

宰予狼狈不堪。可由于他的性格使然，落到了如此地步，就更觉得该说点儿什么了。

"其实……"

不料，孔子的脸一下子就涨得通红。他大喝一声：

"宰予！"

声音既严峻又沉痛，不仅是宰予，竟让在座的所有人都垂下了脑袋。

"你真想犯下三重、四重的过失吗？那你就跟朽坏的木材、污秽的土墙没什么两样了。要知道朽木是没法雕成工艺品的，污秽的土墙再怎么粉刷也会斑驳脱落的。"

说到这儿，孔子就将视线从宰予身上移开了。

随即,他又突然放低声音说道:

"我不该大声喊叫,对不住大家了。我什么也不说了。责备宰予,又有何用呢?"

宰予只感到头晕目眩。他竭尽全力才总算让自己站稳脚跟。一时间,谁都没有说话。在变暗的房间里,充满着闷热的空气。只有汗水,在一片死寂之中,从每个人的身上慢慢地渗出来。

"宰予,你还是独自反省一下吧。"

孔子用柔和的话语打破了沉寂。然而,大伙儿依旧十分紧张。宰予在大伙儿的目送下,悄然离去。

等到宰予的脚步声消失后,孔子凄然垂下眼帘,说道:

"以前,我是相信你们每个人都言行一致的。可今后,我就没法相信了。不调查清楚你们是否言行一致,我就不能放心了。就是因为宰予这件事的缘故啊……可是,怀疑别人,又让我内心伤悲啊!"

门人弟子一个个都垂着头,一动也不动。

"(原注2)我常说,有了过错,就该毫不犹豫地予以纠正。谁都会犯错。可这只是一时之过。可是,犯了过错却不予以纠正,那就成了不可救药的大错了,会错上一辈子的。还有,虽说同为过错,却也有小人之过与君子之过的分别。从其所犯的过错,也能看出他是否怀有仁德。可不管怎么说,想靠耍嘴皮子来糊弄人,是要不得的。倘若允许这么做的话,那么人与人之间的信用就崩塌了。信用,就是维系人与人之间关系的纽带,相当于牛车上的𫐐[1],或马车上的𫐄[2]。倘若拔掉了𫐐、𫐄,车子就与牛马

---

[1] 𫐐(ní),古代大车辕端用来连接、固定横木或车轭的部件。——译者注
[2] 𫐄(yuè),古代车辕与横木相连接的关键。——译者注

脱离了，也就无法行驶了。人世间的事情也是如此。没了信用，是绝对不行的。别的过错暂且不论，言辞上的推诿、搪塞，希望大家都要避免。"

孔子谆谆教诲着。说完之后，他闭上了眼睛，沉吟半晌，随后，又像是想到了什么似的，睁开双眼说道：

"（**原注3**）可话说回来，犯下如此过错的，也不仅仅宰予一个。如今这世道，靠花言巧语、巧舌如簧来混日子的人非常多。虚心反省自己的过失、真心责备自己过错的人，可以说是几乎没有啊。可是，反过来想一想就会发现，正是身处于如此世道，你们才要发愤上进。对于你们来说，这也是绝好的机会。你们要好好地反省。教导你们的人，也未必都是善良之辈。三人行，必有我师。遇见善人，就好好跟他学；遇见恶人，自我反省一下也就是了。就这方面来说，宰予也是你们的老师。你们不要恨他，也不要看不起他。只要各自反省，也就行了。"

说完，孔子便站起了身。

当天夜里，孔子与宰予在孔子的房间里面对面地坐着，谈了很长时间。孔子将白天跟门人弟子们所说的话，以及别的话语都对宰予说了。其中包括：

"（**原注4**）人生在世，一定要正直。这是天下的常理。当然，不正直却活得好好的，这样的人也是有的，但不过是偶图侥幸罢了。"

以及：

"（**原注5**）要想成为真正的君子，说话时要学哑巴，但做起事来要雷厉风行。"

以及：

"（**原注6**）学习是为了自己，不是为了他人。古代的学者，都非常明白这个道理，可如今的学者，做学问只为了向他人炫耀。"

诸如此类的话。

再说宰予，自然是唯唯诺诺、洗耳恭听。可他也并未心悦诚服。他在想：

"今天真倒霉！被你老人家发现我睡午觉了。"

以及：

"自己不发声，又怎么会被别人发现呢？"

以及：

"虽说学习是为了自己，可到头来还是要面对这个世界的。否则的话，学了又有什么意思呢？"

诸如此类的小心思，在他心头挥之不去。

宰予这种患得患失的心态，自然也逃不过孔子的眼睛。最后，孔子只得满怀着前途辽远、来日方长之感慨，对宰予说道：

"（原注7）人心尚未顺应天意之时，是不会坦荡自在的。照你现在的状态来看，长此以往，恐怕是永远都不会心安理得的……不过今天已经很晚了，你先回去休息吧。"

宰予怀着获得解放的窃喜，站起了身来。不过从他的内心深处，已滋生出了一种莫名其妙的寂寥之感，虽说这种感觉若有似无，还十分浅淡，却是他从未体验过的，且多少也端正了一些他的心态。

原注：

1. 子曰："可与共学，未可与适道；可与适道，未可与立；可与立，未可与权。"

——《论语·子罕篇》

今译： 孔子说："可以在一起学习的人，未必会与他志同道合；与之志同道合的人，未必可以一起守道；可以一起守道的人，未必可以一起通权达变。"

2. 子曰："……过则勿惮改。"

——《论语·学而篇》

今译： 孔子说："……有了过错就不要怕改正。"

子曰："过而不改，是谓过矣。"

——《论语·卫灵公篇》

今译： 孔子说："有错却不改正，这又是个错。"

子曰："人之过也，各于其党。观过，斯知仁矣。"

——《论语·里仁篇》

今译： 孔子说："人所犯的错误，有不同的种类。观察一个人所犯的过错，就可以了解他是否具有仁德了。"

子曰:"人而无信,不知其可也。大车无輗,小车无轨,其何以行之哉?"

——《论语·为政篇》

今译: 孔子说:"作为一个人却不讲诚信,那怎么可以。比如大车没有輗,小车没有轨,又怎么行驶呢?"

3. 子曰:"已矣乎!吾未见能见其过而内自讼者也。"

——《论语·公冶长篇》

今译: 孔子说:"算了吧!我还没见过能够认识到自己的错误而自我责备的人呢。"

子曰:"三人行,必有我师焉!择其善者而从之,其不善者而改之。"

——《论语·述而篇》

今译: 孔子说:"几个人一起行走,其中一定有值得做我学习的人。选择他的优点来学习,对照他的缺点来改正。"

4. 子曰:"人之生也直,罔之生也幸而免。"

——《论语·雍也篇》

今译: 孔子说:"一个人活着,要依靠正直;不正直的人活着,是由于侥幸而免于祸害。"

5. 子曰:"君子欲讷于言,而敏于行。"
——《论语·里仁篇》

今译: 孔子说:"君子说话要谨慎迟钝,但是行动要勤快敏捷。"

6. 子曰:"古之学者为己,今之学者为人。"
——《论语·宪问篇》

今译: 孔子说:"古人学习是为了充实自己,今人学习的目的却是说给别人听。"

7. 子曰:"君子坦荡荡,小人长戚戚。"
——《论语·述而篇》

今译: 孔子说:"君子心怀宽广,小人总是忧虑不安。"

觚不觚 [1]

子曰:"觚不觚,觚哉!觚哉!"

——《论语·雍也篇》

今译:孔子说:"觚不像个觚,还能算是觚吗?还能算是觚吗?"

---

[1] 觚(gū),古代的一种盛酒器具。——译者注

"老师，我买来了。"

孔子的一名弟子，一边说，一边从箱子里取出了十来个觚，排成了一溜。他所说的觚，是当时一种盛酒的器皿。

孔子将这些觚，一个个地拿在手里端详着，既不说好，也不说不好，只是一味地沉思默想着。

孔子的那个弟子在一旁闲得发慌，见过了好长时间老师仍是一声不吭的，就深施一礼，打算出去了。可就在此时，孔子开口了："这，就是觚吗？"

弟子一脸的诧异，直愣愣地盯着孔子。因为他想，老师不可能不认识觚啊。

"觚，应该是有棱的。'觚'这个字，原本就是'棱'的意思啊！"

弟子觉得有些可笑。事到如今，孔子还在拘泥于器物的名称，到底想干吗？那种古代意义上的觚，就算是找遍了所有的商店，也不会有哪家卖的。于是，他就微笑着答道："这就是现在的觚啊！"

不料孔子听了他这话，脸上的神情变却得越发的严肃了。

"是吗？这就是现在的觚吗？不……这不是觚！这不是觚啊！"

弟子反倒糊涂了。他极力申辩道："可是，现在无论哪个家庭都在用这个啊。别的暂且不说,您说的那种带棱的觚,根本就没有哪家店在卖。"

"哦,已经买不到了吗?可是,这不是觚!这不是觚啊!真是可悲、可叹啊!"

说罢,孔子连连摇头。随后,他闭上了眼睛,又思考了起来。

弟子越发感到茫然无措了。于是,他战战兢兢地开始将排在孔子跟前的那些觚,一个个重叠起来。

这时,孔子忽然柔声说道:"不用,不用。你坐下吧。这些觚,就这么放着好了。"

弟子落座后,孔子从容不迫地说道:

"无论是何种器物,都不能丧失其特质。因为,这会导致'道'的紊乱。"

弟子终于明白老师在想些什么了。他急忙端正了坐姿,洗耳恭听。

"(原注)人有人的特质。人之道,就在于坚守人的此种特质。尤其是中庸,乃是至高至善之德,切不可忘。一旦忘记,便徒有人之名,而无人之实了。"

说到这儿,孔子又端详起眼前的那一排觚来,然后,感慨颇深地说道:

"如今世道日下,名不副实的状况也已经有好长时间了。"

弟子听了,唯有频频点头。

"哦,对不起。不知不觉间,我又发起牢骚来了。你辛苦了,先回去休息吧。"

说着,孔子站起身来,朝窗边走去。弟子也立刻站起身来,可他又不知道该怎么处理这些觚,不禁犹豫了起来。最后,他有些不好意思地问孔子道:

"老师，要把这些觚退回给店里吗？"

孔子突然哈哈大笑了起来，回头望着弟子说道：

"不，不用退。觚只是斟酒的器皿。只要能斟酒，有棱也好，无棱也罢，都一样可用的。你把它们装入箱中，放在那边就是了。"

弟子颇为不解地歪了几下脑袋，将觚装入箱中后也就离去了。

原注：

子曰："中庸之为德也，其至矣乎！民鲜久矣。"
——《论语·雍也篇》

今译：孔子说："中庸作为仁德，应该是最高的了，百姓已经缺失很久了。"

申枨[1] 之欲

子曰:"吾未见刚者!"
或对曰:"申枨。"
子曰:"枨也欲,焉得刚?"

——《论语·公冶长篇》

今译:孔子说:"我没看到过刚毅的人。"
有人答道:"申枨就是啊!"
孔子说:"申枨太贪心,哪能够刚毅不屈?"

---

[1] 申枨(chéng),生卒年待考,名枨,字周。春秋末期鲁国人。孔子的学生,名列"孔门七十二贤"。唐代追封为"鲁伯",宋代封为"文登侯",明代奉为"先贤"。——译者注

孔子发现，一些原本以为很靠谱的门人弟子，一旦踏上了仕途就会丧失刚毅之秉性，每每与权臣相妥协。为此，他耿耿于怀，忧心忡忡。近来更是焦躁不已，只要一看到门人弟子的脸，就会长吁短叹：

"唉，没有刚毅之人啊！没有刚毅之人啊！"

这让他的许多弟子都感到十分诧异。因为他们觉得，若要说仁者、智者，或具备了中庸之德的人姑且不论，单就刚毅这一点而论，不是有的是吗？大家首先想到的，就是子路，即便在年轻的门人弟子中，也还有朝气蓬勃的申枨。

申枨是个二十二三岁的小伙子，脸上毛茸茸的，一对大眼睛炯炯放光。与人辩论时，他扯开破锣嗓子，从气势上就能把对方压倒。争强好胜，绝不服输，无论对方是年长的师兄还是别的什么人，他都毫无忌惮，不留情面。一旦说得兴起，他还会耸起结实的肩膀，显示出粗壮的胳膊，摆出一副要将人揍趴下的架势来。故而，一般的同门师兄弟都对他退避三舍，就连老师孔子，也时常感到棘手。

那些年轻的门人弟子，尽管时常在申枨面前败下阵来，却又以他为傲，甚至感到痛快。因为他们看到那些年长的师兄在老师面前唯唯诺诺的，连大气儿都不敢出，可面对年轻的师弟们时却盛气凌人、指手画脚的，气就不打一处来；只有申枨，面对那些师兄也是有什么说什么,有时还会耍横,所以就在不知不觉间把他当作了自己的代言人,内心畅快不已。就这方面来说,申枨在他们之中极有人望,也颇受尊敬。甚至还有人说:

"要说到刚毅,还得首推申枨啊。就连大师兄子路,也是望尘莫及的。"

一来二去,这话就成了他们之间的共识了。

却说有一天,几个年轻的弟子正在孔子的房间里请教学问,可孔子说着说着,又感叹起"没有刚毅之人"来了。这时,一名弟子就像是早就等着似的接嘴问道:

"老师,您看申枨怎么样?"

孔子带着讶异的表情看了他一会儿,然后眼中流露出怜惜之色,说道:

"申枨他有欲念啊!"

门人弟子听了,都觉得老师的话十分奇怪。因为他们都不觉得申枨是个欲念很重的人。应该说,对于金钱之类,申枨反倒是过于冷漠了。这是他的天性使然。他甚至还对善于敛财的子贡大为反感。当然了,他还达不到颜回那种超越贫富的境界,但很明显,他也绝不是老师所说的有欲念的人啊!再说,即便他有欲念,可他也仍是个刚毅之人啊!他平日里的言谈举止已经证明了这一点,即便是老师,不也时常为申枨的百折不挠而头疼吗?

他们全都这么想。于是,其中的一人便反驳道:

"老师,您说申枨有欲念,似乎有些过头了吧!"

孔子微笑道:

"哦,你觉得过头了吗?可我觉得申枨的欲念比谁都重啊!"

门人弟子们全都一脸愕然地看着孔子。孔子说道:

"所谓欲念,可不仅仅指贪图金钱。欲念有着多种多样的形态,申枨的争强好胜,就是其一啊。所谓欲念,就是指不辨是非,一心只想着胜过别人的私心。顺应天理而聚敛财富,这不算欲念。反之,即便对金钱能够冷漠处之,却为了一己之私而与人争斗,那就是欲念。所以我说申枨欲念深重。而如此欲念深重的人,又怎么可能刚毅呢?"

门人弟子听了,觉得倘若欲念是这么个意思的话,倒也确实可说申枨欲念深重。可是,为什么又说他不够刚毅呢?这方面还是搞不明白。于是都带着疑惑不解的表情望着老师。

"还不明白吗?"

孔子叹息道:

"所谓刚毅,不是要战胜别人,而是要战胜自己。老老实实地顺应天理,不论遭遇怎样的艰难困苦,都能保持内心安宁,这才叫刚毅啊!"

门人弟子一齐垂下了脑袋。于是孔子笑道:

"不过,你们还得好好向申枨学习!因为,申枨如此好胜,也并非为了获取金钱或权势,而是为了追求天理。"

门人弟子都觉得在紧要关头被击中了要害。几度面面相觑之后,便带着满脸的羞愧,悄悄离去了。

子入太庙

子入太庙，每事问。或曰："孰谓鄹[1]人之子知礼乎？入太庙，每事问。"子闻之曰："是礼也。"
——《论语·八佾篇》

今译：孔子进入太庙，每件事情都要发问。有人说："谁说鄹大夫的儿子懂得礼呢？进了太庙，每件事都要问。"孔子听到后说："这正是礼啊！"

子曰："由[2]，诲女知之乎？知之为知之，不知为不知，是知也。"
——《论语·为政篇》

今译：孔子说："由，教导你的内容都知道了吧？知道就是知道，不知道就是不知道，这才是智慧。"

---

[1] 鄹（zōu），春秋时期鲁国的地名，在今山东省曲阜市东南。孔子的家乡。此处的鄹人指孔子的父亲，做过鄹大夫的叔梁纥。——译者注
[2] 子路之名。——译者注

有一年，鲁国的太庙举行祭祀时人手不够用。说得更直白一点儿就是，由于熟悉祭祀仪式的人病了，必须临时找人来代替。

太庙里祭祀的是鲁国的始祖周公旦，故而毋庸赘言，此次祭祀对于鲁国来说，是最为重要的，其仪式之繁复，也是无出其右的。倘若不是精通礼仪的人，即便是去打个下手，也是难以胜任的，更别说是担任最为重要的主持者了。也正因为要在从未直接参与过太庙祭祀活动的人中挑选替代者，故而事情极为棘手。经过反复商讨、评议，最后选中了孔子。

虽说当时孔子也只有三十六七岁，却已经拥有了众多的门人弟子，其学问、道德，也早已扬名国内外了。尤其是在礼这方面，用推荐者的话来说，那就是"已没人能与之比肩了"。因此，大家对孔子的期望极高，可与此同时，毕竟孔子的年纪还不大，故而觉得他有些靠不住的人也并非没有。特别是在长期奉职于太庙的人之中，在无聊的嫉妒心的驱使下，滋生出了各种各样的流言蜚语。

祭祀的准备工作终于开始了。那一天，孔子生平第一次踏入太庙，故而无论是对他心怀好意或不怀好意的人，都时刻关注着他的一举一动。

然而，令他们震惊的是，孔子首先做的是，向祭官们询问祭器的名称与用途。整整一天，他都在一件件地询问器物的用法，以及祭祀时的举止进退等细节，不厌其烦。

"看错人了吧！用这位，不跟雇了个五六岁的孩子一样吗？"

"真是盛名之下，其实难副啊！"

"哼！本就是个骗子罢了。连一官半职都没捞着，就聚了那么多的门人弟子，摆出一副大学者的架子来。我早就知道他不是个好人了。"

"说的是啊。像我们这些长年累月干这个的，也很难记住那么多繁复的礼仪，他一个年纪轻轻的乡下人，怎么可能对这些了然于胸呢！按理说，这种情况上头也应该知道的……"

"上头干事儿之荒唐，简直叫人无话可说啊！"

"这种'荒唐'，迟早会遭报应的。不过，这回可跟我们无关，无论他捅出多大的娄子来，我们都会平安无事的。"

"这是自然。可他的胆子，也实在太大了吧！简直叫人惊掉下巴。简直怀疑他脑子是否有病。"

"这个，要问了他本人才知道。不过他脑子里缺根筋，倒是确凿无疑的了。你看他净问些不值一提的小事儿，却一点儿都不害臊。"

"他这么一本正经地问，我们也不好糊弄他，真伤脑筋啊！"

"要说起来，也真是倒霉啊！因为我们教会了他之后，还得给他打下手呢。"

"真是一把年纪活在狗身上了。"

"话说回来，把那么个愣头青从鄹那么个穷乡僻壤拖出来，还吹捧为礼学大家的，到底是谁呀？这不简直就是把别人都当傻瓜了吗？"

"算了，算了。事到如今，说这些还有什么意思呢？倒不如放聪明一点儿，好好学一下那位礼学大家的新式祭祀法，说不定我们还能升官发财呢！"

"哦哦，要真是这么着，倒也无话可说啊！啊，哈哈哈。"

人们背着孔子，纷纷传出了针对他的失望、嘲笑，甚至愤慨的声音。也不知道孔子听没听到，反正在该问的都问了一遍之后，他便恭恭敬敬地跟大家一一打了招呼，然后就回去了。

最放心不下的，自然是孔子的推荐者。因为他也没测试过孔子的真实水平，只是相信了世人对孔子的风评，以及孔子学生们的话而已。因此，他听到从太庙里传出的流言蜚语后，立刻就去找了子路。因为事关重大，而直接去找孔子毕竟也还有所忌惮，所以他想到，在这种情况下，能与之开诚布公地交谈一番的，在孔子的学生中也只有子路了。

子路听完后，不由得哈哈大笑了起来。

"你就放心吧。绝不会给你惹麻烦的。不过呢，老师也真是的，何必要搞这种小孩子过家家的把戏，让大家都提心吊胆的呢？怎么样？我马上陪你去见老师吧？老实说，我也有几句牢骚话呢，正好当面说给老师听听，问问老师的想法。这样的话，也能让你更加放心不是？"

于是，他们二人便一同走进了孔子家的大门。

子路一见到孔子，马马虎虎地施过礼后，便开门见山地说明了来意。还扯开那副天生的大嗓门，责问似的说道：

"老师，对于您这一套做派，我也很不以为然。那种场合，不正是显示您实力的时候吗？您干吗非要人家在背后说你是乡下人、愣头青呢？"

"显示实力？什么实力？"

孔子不动声色地问道。

"那还用说？自然是老师您在学问上的实力了。"

"学问？什么学问？"

"在那种场合下,当然是指有关礼的学问啊!"

"说到礼,大家应该都看到了,再没有像我今天那么专注于礼的人了。"

"这么说,那些关于老师您问东问西的流言,都是假的了?"

"那倒也不是。我确实是什么都想请教的。"

"那么,这到底是怎么回事儿呢?搞得我一头雾水了。"

"子路,你以为,什么才是礼?"

"不就是老师您平时教的那些……"

"举止进退之法吗?"

"是啊。难道不对吗?"

"那自然是礼。不过那只是礼必须合乎规矩的一面。那么礼的真谛又是什么呢?"

"正如老师您教导我们的那样,是'恭敬'。"

"正是。难道你是想说我忘了这个'恭敬'吗?"

子路立刻张口结舌,说不出话来了。

"既然是侍奉太庙,自然是再怎么恭敬也不为过的。我正因为不想对老前辈们失敬,所以才要请教世代相传的老规矩。不料连你都不理解,真是做梦都没想到啊!不过……"

说到这儿,孔子闭了一两秒钟眼睛后,继续说道:

"我也应该好好反省的。本来,礼应该是始于恭敬、终于和谐的。今天,我问了很多人,可要是让大家感到不快了,就说明我也还有不合于礼的地方啊。关于这一点,我是应该深刻反思的。"

子路越来越紧张了。而那位孔子的推荐者,从刚才起就一直心神不宁地听着他们师生俩的对话,这会儿等孔子说完后,他就忙不迭地站起身来,连告别的话都没从从容容地说完就离去了。

在只剩下孔子与子路两人后,孔子也闭着眼睛沉思了好一会

儿。突然,他像是想到了什么似的,睁开双眼说道:

"子路,你曾经说过你最喜欢剑,是吧?"

"是的。"

"你还曾经说过学问没什么用,是吧?"

"是的。"

"可现在你已经知道学问的重要性了吧?"

"那是自然。"

"可是,你还不具备求学所应有的心态啊!"

"此话怎讲?"

"你今天不就不顾三七二十一地、冒冒失失地闯到我家来了吗?"

"万分抱歉!"

"(原注1)求学最重要的,是学习和思考。只顾学习而不去思考,就无法掌握事理的真谛。做起事来就会东一榔头西一棒子的,毫无章法。就跟待在漆黑一片的房间里似的,一会儿摸到柱子,一会儿摸到门。不能将个别的事物放在整体之中来观察。当然了,光是思考而不学习,也是不行的。那样会执着于自己的主观想法,无视先人的教诲,跟走在独木桥上一样危险。很可能尚未走到对岸,就已经掉进河里了。有些事情,甚至是自己再怎么想也想不明白的。

"(原注2)我曾经不吃不睡地思考过整整一天,结果却一无所得。后来接触到古代圣人留下的教诲后,恍然大悟。总之,'学习'与'思考',两者都不能偏废。要边学习边思考,边思考边学习。可是你,在'学习'和'思考'这两方面,都还做得很不够啊。说到底,还是因为你没有恭敬之心。"

孔子话匣子一打开,似乎就很难马上关上了:

"道，只有一条。只要心怀恭敬，就不会轻率地对事物做出判断，也不会不懂装懂了。"

"我也没有不懂装懂……"

"哦。这么说来，你是连自己在想些什么、做些什么，都不清楚啊！"

当时的孔子也还年轻，说起话相当尖刻。

"你带着刚才那人来这儿的时候，脸上就是一种什么都知道的表情。似乎连什么是礼，以及我今天在太庙里怀着怎样的心情，全都一清二楚了。"

"这完全是我的误解。"

"误解！诚然，人是会产生误解的。要是怀有恭敬之心后产生的误解，还是可以原谅的。可要是为了夸耀自己而于匆忙间产生的误会，那就不是误会，而是虚伪了。这是对自己不诚实的表现，等于自己放弃了生命之中真正的追求，也是导致一个人变得狂妄无知的最大的原因。这个道理，你还不明白。所以你虽然比谁都以无知为耻，却反倒在'知'的方面毫无长进。

"什么是自己真的已经知道的，什么还不知道？你要以虔敬之心来作深刻的反省。以知道的为知道，以不知道的为不知道，只有怀有如此这般，对人对己都诚实无虚的心态，'知'才会得以长进。总之，这不是用来炫耀给别人看的，而是提升自身生命境界的动力。而真正的'知'，只会给予谦逊之人。这一点，你要永志不忘。"

说到这儿，孔子的脸露出了温和的表情，以充满关怀的眼神看着子路。

"你只要记住了这一点，我就没什么可责备你的了。今后，你只要将你的勇气——自己与他人都十分认可的勇气，用在你心中的敌人身上就行了。谦逊的勇气、恭敬的勇气。怎么样？子路，这不是极为悦耳动听的词语吗？仅仅是重复着这些词语，我就觉得眼前呈现了一个深邃、光明，且强有力的世界。"

子路的眼睫毛之下，有泪光在微微闪烁。

子路离去后，孔子又久久地陷入了沉思。

从第二天起，孔子就开始在太庙里指挥起那些祭官，纠正以前留下的仪式上的差错，弥补之前的不足。他终日一丝不苟地工作着，犹如谨严的化身一般。

原注：

1. 子曰："学而不思则罔，思而不学则殆。"

——《论语·为政篇》

今译： 孔子说："学习而不思考，就会迷惘；思考而不学习，就会疲惫而无所得。"

2. 子曰："吾尝终日不食，终夜不寝，以思，无益，不如学也。"

——《论语·卫灵公篇》

今译： 孔子说："我曾经整天不吃饭，整晚不睡觉，用来思考，结果没有长进，不如去学习。"

阳货[1] 赠豚

阳货欲见孔子，孔子不见，归孔子豚。
孔子时其亡也，而往拜之，遇诸涂。
谓孔子曰："来！予与尔言。"
曰："怀其宝而迷其邦，可谓仁乎？"
曰："不可。好从事而亟失时，可谓知乎？"
曰："不可。日月逝矣，岁不我与。"
孔子曰："诺。吾将仕矣。"

——《论语·阳货篇》

今译： 阳货想要见孔子，孔子不愿见他，他便送了一只蒸熟了的小猪给孔子。

孔子趁阳货不在家的时候，去他家拜谢，结果两人在路上相遇了。

阳货对孔子说："你过来！我要跟你谈谈。"

又说："空怀一身本事，却任凭国家混乱不已，可以叫作

---

[1] 阳货，生卒年不详，又称阳虎。春秋末期鲁国人。鲁国大夫"三桓"之一的季平子的家臣。因季氏曾几代掌握鲁国朝政，而阳货此时又掌握着季氏的家政，故而在季平子死后，阳货挟持季桓子掌握了鲁国的朝政。后来他计划谋害季桓子，失败后逃往晋国。据说阳货的相貌与孔子十分相像。——译者注

仁吗?"

接着又说:"称不上仁。想做事,却屡次错失机会,可以叫作智吗?"

又接着说:"称不上智。日升月落,岁月可不饶人哪!"

孔子这才说:"好吧。我打算出来做官了。"

"什么？这是阳货派人送来的？"

孔子面前的桌上放着一大块蒸熟了的猪肉。他看着这块肉，不由得皱起了眉头。

阳货本是鲁国大夫季平子的家臣，季平子死后，由季桓子袭位，阳货先是巧妙地将其玩弄于股掌之间，后又将其拘禁了起来，独霸了鲁国的朝政。孔子那会儿已年过半百，他哀叹于鲁国上下都已偏离正道的现实，早已绝望于仕途，而将全部精力都投入到诗书礼乐的研究与青年子弟的教育上去了。

可阳货见孔子虽说在野，却在大义凛然地授道解惑，内心十分害怕，于是就想将他拉入自己一伙。他心想至少也要跟孔子见上一面，让孔子知道自己是个深知礼遇贤者之道的人。

阳货曾多次派人通知孔子去见他，可孔子却十分顽固，就是不肯去。而孔子越是不肯去，阳货就越是于心难安。

于是阳货就耍起了小聪明，他看准孔子不在家的当儿，派人送了块蒸熟的猪肉过去。按照当时的礼仪，大夫给士送东西而士不在家，没能接待使者时，士就必须在第二天亲自到大夫家登门道谢。而阳货所图谋的，就是这个。

此刻孔子也多少有些为难了。他看着猪肉，沉吟了半晌。

"礼，是不能违背的。可是，受无道者之招而相助于他，哪怕只有一天，也是不符合士的道的。更何况他还布下圈套，怎能让他轻易得逞呢？"

孔子思来想去，最后终于想到了一条妙计，那就是以其人之道还治其人之身。孔子决定瞅准阳货不在家的当儿，前去道谢。

要说起来，孔子本不是个好诙谐的人，所以他是在经过认真思考后，才想到这一方法的。想到后，他自己也觉得有些好笑，便不由自主地露出了微笑。可随即他又觉得这一做法与自己的一贯做派有些格格不入。确实，若与他平时所尊奉的信念相对照，就觉得这事儿实在是叫人开心不起来。想到这儿，他就笑不出来了。于是他便重新考虑了一遍。可是，无论他怎么绞尽脑汁，也想不出更好的办法了。

"既然想不出最理想的办法，那也只好退而求其次了。"

拿定了主意之后，第二天一大早孔子就差人前去悄悄地打探阳货的动静。

根据探子的禀报，在将近中午的时候孔子去了阳货的家。结果一切都跟预想的一样，事情进行得十分顺利。他跟阳货的家人打了招呼后，便放心地踏上了回家的路。然而，正所谓"事有凑巧，物有偶然"，就在回家的路上，他与阳货所乘坐的马车碰了个正着。

按照当时的规矩，士看到了高官的马车，是不能跟老鼠似的偷偷溜走的。故而无奈之下，孔子也只好让自己的马车继续往前跑。阳货十分眼尖，看到了孔子后，立刻就叫住了他，并笑嘻嘻地说道：

"我估摸着你该来我家了，所以就急着赶了回来，可还是晚了一步，真是抱歉啊！"

孔子觉得自己遇到这种喜欢耍小聪明的人也真是没辙，于是他也就不再回避，就照阳货所说的那样，跟他一起回家了。不过他还是暗中拿定主意：不管对方如何盛情相邀，也绝不在他家里吃午饭。

阳货一落座，便劲头十足地说了起来：

"国事混乱，德行高的人却在袖手旁观，这符合仁义之道吗？"

孔子觉得仅就语言本身而论，阳货的话说得十分冠冕堂皇，自己也没必要跟他唱反调。于是便当场答道：

"这当然是称不上仁的。"

阳货心想"有门啊"，便不失时机地放出了第二箭：

"胸怀救世济民之志，希望为国事尽力之人，却屡屡放弃机会，不肯出来做官，这样的人能称为智者吗？"

对此，孔子是多少有些意见的，可考虑到要是将自己的意见表述出来，除了将谈话时间拉长，是不会有别的什么效果的，便应了一句：

"这当然是称不上智者的。"

于是阳货自以为得计，便放出了关键的第三箭：

"时不我待，岁月不饶人。可像你这样德高望重、能力超群的人，却在虚度时光，我实在是难以理解啊！"

说罢，阳货便神色紧张地等待着孔子的回答。

可孔子的回答十分干脆。他轻轻地点了点头后说道：

"你说得没错。其实我也想尽快得遇明君，尽心侍奉的。"

说完，他就立刻站起了身，恭恭敬敬地对阳货深施一礼后，便平静地离去了。

至于在离去之后，阳货将会带着怎样的表情来处理为孔子准备的那份午餐，就不关孔子什么事儿了。

问孝

孟懿子[1]问孝。子曰:"无违。"

樊迟[2]御,子告之曰:"孟孙问孝于我,我对曰,'无违'。"

樊迟曰:"何谓也?"

子曰:"生,事之以礼;死,葬之以礼,祭之以礼。"

——《论语·为政篇》

今译: 孟懿子向孔子请教孝道。孔子说:"不要违背礼的规定。"

不久,樊迟为孔子驾车,孔子告诉他说:"孟孙问我孝道,我答复说'不要违背礼的规定'。"

樊迟问道:"这话是什么意思?"

孔子说:"父母健在,按照礼制来侍奉他们;去世以后,按照礼制来安葬他们,祭祀他们。"

---

[1] 孟懿子(?—公元前481年),姬姓,本姓仲孙,也称孟孙,名何忌,世称仲孙何忌。谥号"懿",是孟僖子仲孙貜之子。鲁大夫。——译者注

[2] 樊迟(公元前515—?),姓樊,名须,字子迟。春秋末期齐国人。孔子的学生,名列"孔门七十二贤"。比孔子小三十六岁。有谋略,且具勇武精神。唐代受赠称号"樊伯",宋代封"益都侯",明代称"先贤樊子"。其重农思想在历史上具有进步意义。——译者注

季孙氏、叔孙氏、孟孙氏这三家,都继承了鲁桓公的血统,故而世人称之为"三桓"。"三桓"为代代世袭的大夫,而到了孔子的时代,他们竟然相互勾结,把持朝政,聚敛私财,无视君主,甚至将其流放,简直是竭尽专横之能事,闹得民怨沸腾。

孔子曾获得鲁定公的信任,先是出任中都宰,接着当上了司空,最后成了大司寇,掌握了相当于宰相的职权。在此期间,他也曾竭力削减"三桓"的势力,并一度成功地使叔孙氏和孟孙氏这两家灰溜溜地夹起了尾巴,噤若寒蝉。可到了要收拾季孙氏的当儿,计划却打了水漂。更何况鲁定公本身受到了齐国的诱惑,与季孙氏一起沉湎于歌舞宴乐,流连于脂粉美色,渐渐疏远了孔子。最后,孔子对鲁国的政治前景感到绝望,便辞官而去,踏上了周游列国的旅途。

不过下面要说的事情,却发生在孔子踏上仕途不久之后。

有一天,孟懿子——孟家的宗主来拜访孔子,像煞有介事地前来请教孝道。

孟懿子的父亲孟僖子是一位十分出色的人物,他在临终时将孟懿子叫到枕头旁,盛赞了一番当时还是个年轻人的孔子,吩咐他在自己去世后要拜孔子为师。

孟懿子谨遵父亲遗命,后来就跟弟弟南宫敬叔一起跟孔子学礼。可是,他的学习态度却毫不认真,一副吊儿郎当的模样。故而可以想见，他向孔子请教孝道，与其说是出于对亡父的追思之念，不如说是想把祭祀搞得气派一点儿，好向世人夸耀自己的权势罢了。

孔子知道孟孙氏的家庙祭祀业已临近，也多少听说了一些祭祀的内容，所以一眼就看穿了孟懿子问孝的本意，故而便简简单单地只回答了两个字：

"无违。"

也不知道孟懿子听懂了还是没听懂，抑或是他觉得听懂了也假装没听懂对自己比较有利吧，反正他没再问孔子什么，就这么着回去了。孔子对此却多少有些放心不下。

"要是孟孙氏做出什么严重的僭越举动来，那就不仅仅是孟孙氏一家的问题，而是鲁国的问题，并有可能成为天下道义紊乱之源。而要是他还到处张扬说是跟孔子商量过的，那就有损自己接下来就要践行的政治精神了。故而最好要将自己所说的'无违'的意思再加以明确一下。然而，关于祭祀，他们并未来跟我商量，所以自己主动前去解释，反倒是非礼的。有没有什么好办法呢？"

孔子内心存着这么个问题，等待着良机的出现。

有一天，樊迟陪伴孔子出行，并为他驾车。樊迟是孔子的一名年轻弟子，由于他武艺高强，故而深受孟孙氏喜爱，频频出入其家门。孔子心想，通过他的话，应该就能很好地将自己的意思传达给孟懿子了吧。

"前一阵子，很难得地，孟孙氏来了，问了我关于孝道的事情。"

孔子对坐在御者位子上的樊迟说道：

"哦——"

"于是我回答他'无违'。"

"哦——"

樊迟不知道这是什么意思。因为"无违"也可以理解为"无违于父母之命",可孟懿子已经没有父亲了。这么想着,他一边熟练地操纵着手里的缰绳,一边不住地歪脑袋。

"你觉得怎么样?"

可是,在孔子的催促下,樊迟也只能再回答一声"哦"。

回答过"哦"后,他回忆起之前同门师兄弟向老师请教孝道时,老师所说的话来。首先想到的是,老师对孟懿子的儿子孟武伯的回答:

"(原注1)父母最担心孩子生病。"[1]

就这么一句。对于经常生病的孟武伯来说,这么回答自然是顺理成章的。

接着是针对子游的回答:

"(原注2)现在,只要赡养父母,就可称作孝了。可事实上不是连各自的马和狗也饲养着的吗?所以说,孝,最重要的是恭敬之心。如果没有了恭敬之心,那么赡养父母与饲养马、狗还有什么分别呢?"

这话也不难懂。只要联想到子游平时多少有些不合规矩的做派,就不难理解老师当时的心情。

还有一个,是针对子夏的回答:

"(原注3)难的是侍奉父母时总是保持着和颜悦色。父母有事,愿意为之操劳;有了好吃的东西首先给父母吃,仅仅是这些的话,是称不上孝的。"

---

[1]《论语》中该句的最新解释,参见原注1的"今译"。——译者注

这也跟回答子游时一样,对于动不动就板起脸来的子夏来说,这样的回答是理所当然的。

回忆到这儿,樊迟又琢磨起"无违"的意思来。

然而,他依旧想不明白。于是他就将老师有关孝的教诲,在脑子里全都复习了一遍。

"(原注4)父母还健在的时候,不去远的地方。倘若不得不去,也要预先确定好目的地。

"(原注5)父母的年龄不能忘记。这一方面是为他们得享高寿而欣喜,另一方面是为他们来日无多而担忧,并抓紧时间孝顺他们。

"(原注6)父亲尚健在的时候,可根据儿子的志向来判断其为人;父亲去世后,可根据其行为来判断。因为,前者其行动会受到他父亲的节制,而后者其行为完全是他自己做主的。可是,在后者的情况下,也不能随意改变父亲生前的做法。倘若儿子对父亲怀有深切的追思哀悼之情,自然是不忍去改变的。一心守丧,三年不改乃父的做法,这才称得上真孝子。

"(原注7)闵子骞是个大孝子。对于他父母兄弟称赞他的话,没有谁会反对的。"

诸如此类的话语,接连不断地被他回忆起来。樊迟觉得,即便自己做不到,可这话的意思却并不难理解。

"无违。无违。——到底是什么意思呢?"

他又歪了一下脑袋。最后,他想起了这样的话:

"(原注8)侍奉父母时,发现了他们的过错而不吭声,是有违士道的。应该和风细雨地加以规劝。要是父母不听,就要更加恭敬地寻找机会加以规劝,不能违拗他们。总之,无论多么劳苦,也不能抱怨父母。"

想到这儿，樊迟心中一喜。因为他从中找到了"不能违拗"的说法。然而，仅仅过了几秒钟，他的脑子里反倒越发混乱起来了。因为他觉得，刚才孔子所说的"无违"与这话中的"不能违拗"，意思是不同的。首先，"不能违拗"是指父母尚健在的时候。再说，即便是从前后关系来看，也无疑是贯彻初衷的意思。这与父母已经去世后的"无违"，虽说在语言表达上极为相似，但含义显然是不同的。樊迟越想越觉得难以判断。

"你似乎想了很多。"

孔子又在催促他了。这时的樊迟已多少有些恼羞成怒了。他终于脱下了头盔，说道：

"我确实想了很多，可还是想不明白啊！"

"要是连你都不明白的话，那么孟孙氏就更不明白了。看来是我说得过于简单了。"

"到底是什么意思呢？"

"我的意思是：无违于礼啊！"

"啊，就是这个呀——"

樊迟觉得这也太普通了，早知如此，还费那个脑子干吗呢？

孔子继续说道：

"就是说，父母健在时，依礼奉养；父母去世后，依礼安葬，依礼祭祀。这就是孝道。"

"可是，这些道理，即便老师您现在不说，孟懿子应该也明白的吧。毕竟他也跟您学礼学了好长时间了。"

"怎么说呢？我可有点儿不大相信啊！"

"据说他最近要搞的祭祀将会是十分隆重的……"

"你也听说了吗？"

"具体细节不太清楚，只听说那计划十分宏大，是跟以前不可同日而语的。"

"就是说，不能与以前一样了吗？"

"倒也不是说不能与以前一样，只是做儿子的总觉得把祭祀搞得越隆重越好……"

"樊迟！"

孔子稍稍拔高了一点儿嗓门，说道：

"好像连你都没有懂得礼的真谛啊！"

樊迟不由自主地回头看了孔子一眼。虽说孔子的表情也没什么明显的变化，可他说话的语气，却越来越沉重了。

"（原注9）礼，既不能失之于太简，也不能失之于太过。太简与太过其实是一样的，全都要不得。人，是各有其分的。不上下颠倒其分，才是礼所应有的样态。超越了自己的身份来祭祀自己的父母，是强迫父母的灵魂接受非礼之祭。不仅如此，大夫的非礼行为，还将成为天下混乱之源。让父母的灵魂享受将会导致天下混乱之源的非礼，还有什么孝可言呢？"

听了这话之后，樊迟已经没了再回头望去的勇气了。他目不斜视地面对着正前方，身体一动也不动，如同一尊石像一般，只有双手在机械地操纵着缰绳。

不用说，在将孔子送到了目的地后，樊迟转身就去找了孟懿子。倘若孟懿子要搞的这次祭祀仅仅是为了供奉死者的在天之灵，而没有夸耀自己权势的意思，那么樊迟这次访问毫无疑问是有着非凡的意义的。可遗憾的是，关于此事，史料中并未留下任何记载。

原注：

1. 孟武伯问孝。子曰："父母，唯其疾之忧。"
——《论语·为政篇》

今译：孟武伯向孔子请教孝道。孔子说："使做父母的只为子女的疾病担忧。"

2. 子游问孝。子曰："今之孝者，是谓能养。至于犬马，皆能有养；不敬，何以别乎？"
——《论语·为政篇》

今译：子游向孔子请教孝道。孔子说："现在所谓的孝，只是说能够养活父母。说到父母的狗和马都能够得到饲养；若对父母不心存敬畏，又用什么来区别孝顺和饲养呢？"

3. 子夏问孝。子曰："色难。有事，弟子服其劳；有酒食，先生馔。曾是以为孝乎？"
——《论语·为政篇》

今译：子夏向孔子请教孝道。孔子说："在父母面前总是和颜悦色最难。有事情，年轻人替长者效劳服务；有酒菜，让年长者先享用。仅仅这样，就算是孝顺了吗？"

4. 子曰："父母在，不远游，游必有方。"
——《论语·里仁篇》

今译： 孔子说："父母在世，不出远门；一定要出远门的话，就要有明确的目的地。"

5. 子曰："父母之年，不可不知也；一则以喜，一则以惧。"

——《论语·里仁篇》

今译： 孔子说："父母的年纪不能不牢记：一方面为他们的高寿而欣喜，一方面为他们的高龄而担心。"

6. 子曰："父在，观其志；父没，观其行；三年无改于父之道，可谓孝矣。"

——《论语·学而篇》

今译： 孔子说："父亲还健在，观察他的志向；父亲不在了，观察他的行为；如果他长期不改变父亲生前的合理做法，就可以说是孝了。"

7. 子曰："孝哉闵子骞！人不间于其父母昆弟之言。"

——《论语·先进篇》

今译： 孔子说："真孝顺哪，闵子骞！别人对他父母兄弟谈论他的话没有不认同的。"

8. 子曰:"事父母几谏。见志不从,又敬不违,劳而不怨。"

——《论语·里仁篇》

今译: 孔子说:"侍奉父母,对他们的过错,要多次委婉劝告,如果他们不想听从规劝,仍要恭恭敬敬的,不可违背他们,纵然劳苦,也不埋怨。"

9. 子贡问:"师与商也孰贤?"子曰:"师也过,商也不及。"曰:"然则师愈与?"子曰:"过犹不及。"

——《论语·先进篇》

今译: 子贡询问:"颛孙师[1]与卜商两人,谁更强一些?"孔子说:"颛孙师呢,有时做得过头了;卜商呢,有时像是达不到。"子贡说:"那么,颛孙师更强一些吗?"孔子说:"做得过头和达不到是一样的。"

---

[1] 颛孙师(公元前503—?),字子张。春秋末期陈国人。孔子的学生,名列"孔门七十二贤",出身微贱,经孔子教育而成为"显士"。是"子张之儒"的创始人。——译者注

乐长与孔子之目

子语鲁大师乐,曰:"乐其可知也:始作,翕如也;从之,纯如也,皦如也,绎如也,以成。"

——《论语·八佾篇》

今译: 孔子告诉鲁国乐官之长谈论演奏音乐的道理,他说:"音乐,是可以了解的:演奏开始,奔放而热烈;接着,和谐舒展,清晰分明,连续不断,然后完成。"

鲁国的乐长[1]从大殿上回到自己的休息间后，便脱掉了紧箍在身上的礼服，并多少带点儿自暴自弃的意味，将身体斜靠在了椅子上。为了让自己的内心平静下来，他在那张颇具艺术家气质的苍白的脸上勉强挤出一丝微笑，又将双脚搁到了桌子上，故意装出一副没出息的模样来。然而，即便这样，也丝毫改变不了他那糟透了的心情。

"演奏失误，这已经是第三次了！"

一想到这儿，他就觉得内心冰凉冰凉的，仿佛没有一滴热血流过似的。

不可思议的是，他的演奏连连失误，都发生在孔子就任司空之职、成了他的上司之后。应该说，孔子与之前的司空不同，凡事非常为部下着想，几乎不会面露怒容。可不知为何，只要一到演奏的时候，乐长的手就不听使唤了。当然了，孔子深谙音乐之道，即便他身为乐长也不会小看孔子。可是，乐长自己也没想到的是，自己的手竟然会因此而变得僵硬。

"诚然，孔子是精通音乐理论的，可就操持乐器实际演奏而言，不管怎么说，自己才是行家里手。"

他有着如此这般的自信。可既然这样，为什么还频频失误

---

[1] 乐官之长，即原文提到的"大师"。——译者注

呢？他搞不懂。他为此懊恼不已，羞愧万分。可事实就是如此，丝毫也没有改变。

他将双手的手指插入头发中，将脸伏在桌面上。他为自己的不中用而悔恨不已。然而，渐渐地，这种悔恨竟然转变成了针对孔子的怨恨。而当他意识到这一点后，不由得大吃一惊，不由自主地抬起了头来。随即，他又将双手在胸前乱舞，像是要赶走这种令人不快的感觉似的。

可就在这一瞬间，他觉得有一道光在自己的眼前闪过。那是孔子的目光。平静如湖水，且略带微笑的孔子的目光。他像是突然意识到了什么似的猛地站起了身来。

"是的。就是那双眼睛！"

他在心中叫喊道：

"只要一看到这双眼睛，我的喉咙就会发紧，我的手就会僵硬。今天也是如此。我的手之所以会在演奏中不听使唤，就是因为看到了孔子的那双眼睛！"

他在屋里来回走动着，还不解地歪着脖子。走着走着，他又开始觉得自己简直是在犯傻。

"孔子的眼睛居然能影响到我的演奏，世上哪有这种怪事儿呢？"

他气鼓鼓地朝窗外吐了口唾沫，抬头仰望着蓝天。不料就在此时，他又一次看到了孔子的眼睛。尽管同样是一闪而过，却依旧是一双带着微笑而目光深邃的眼睛。

"果然是那双眼睛！"

就像是要追寻孔子的那双眼睛似的，他久久凝望着一望无际，却又空空如也的蓝天。

"司空大人请您过去。"

一个不知什么时候进来的侍童，站在他身后如此说道。他用实际行动代替了答复：回到桌旁，穿好了礼服。动作麻利、匆忙，就像一个上足了发条的木偶。

一路上，他简直身处梦境中一般，浑浑噩噩的。直到他进入孔子的屋子，在寂静、幽暗之中看到了坐着的孔子，这才回过了神来。与此同时，他也十分清晰地意识到了自己被唤来的原因。

然而，此刻的他既不慌张，也不畏惧。在一片肃穆的氛围中，他反倒体会到了一种类似于安宁的感觉。而在心中，他又默念了一遍：

"果然是那双眼睛！"

孔子让乐长坐下后，稍稍放松了一下姿势，问道：

"怎么样？你认真反省过了吗？"

乐长见孔子一句也没提今天演奏失误的事，却开门见山地抛出了这么个问题，反倒不知如何回答了。

"你有着高超的演奏技巧，又十分努力，却一连失误了三次。毫无疑问，这说明你心中有着某个重大的、根本性的缺陷。你自己想不到吗？"

"在下羞愧之至，但确实想不出来。"

"你想过吗？"

"失误一而再，再而三地发生，我自然也每次都反省过的。"

"那么，就算还不怎么明确，估计你也想到了什么吧？"

"是的。不过，那好像又太过荒唐了。"

"或许也并不算太荒唐吧，能够直言相告吗？"

"这个……"

"还是难以启齿吗？好吧。那就由我来代劳吧！"

"啊？"

"毫不客气地说，是你的心中还存有邪念啊！"

听孔子说自己心中有邪念，乐长不由得吃了一惊，他甚至疑心孔子是否看出了自己刚才萌生出的对他的怨恨之心。

然而孔子却并不在意他的反应，自顾说道：

"（**原注**）诗歌也好，音乐也好，都可一言以蔽之，那就是归于'无邪'。只要无邪，哪怕技巧拙劣，也能吟出真正的诗，演奏出真正的音乐。这，虽然是自明之理，可你似乎尚未体会到。而你还拥有如此高超的演奏技巧，真是可惜了。"

听到这儿，乐长已无法再保持沉默了。

"大人，我因为今天演奏时出现了失误，也不知怎么搞的，竟对您产生了怨念。这是事实。我也为此而感到十分羞愧。可是，我不认为我在演奏时有什么邪念。我当时一心只想着'这次绝不能再出错了！'"

"原来如此。那么……为什么又出错了呢？"

"其实，是有个奇怪的诱因的……"

"哦。"

"我只要一看大人您的眼睛，手就不听使唤了。"

"是吗？莫非我的眼里有什么邪恶的阴影吗？"

"没有的事。大人的眼睛，总是如同湖水一般澄净。"

"真是这样的吗？"

"我可绝不是在奉承您。"

"如果不是在奉承我，那就是你的眼睛有问题了……"

乐长怎么也不认为自己的眼睛有什么问题，于是就用颇为不甘的口吻说道：

"照您这么说，总是我心怀邪念的缘故了……"

"乐长！"孔子端正了坐姿，目光如炬，直射乐长的脸庞，厉声说道，"你要更坚决地深挖自己的内心！"

乐长不由自主地站起了身来，直愣愣地站着。

孔子继续说道："你每次奏乐时，总要窥视我的脸色，是吧？"

乐长心想，"被你这么一说，倒也确实是这么回事儿"，可依旧不认为这就是自己有邪念的证据。

孔子稍稍放缓了一点儿语气继续说道："果真如此的话，那就是你的邪念啊！因为在你的心里，有着一个一直与你对立的孔丘。或许你自己并未清晰地意识到吧，对于你的演奏来说，我的存在就是一个巨大的障碍。你的内心因此而分裂。因此，你无法完全沉浸于自己的音乐之中。而这，就是你演奏时产生失误的原因。难道你觉得不是这样的吗？"

乐长唯有频频点头。

孔子让乐长重新坐下，并继续说道：

"音乐的世界是个浑然一体的世界。因此，是不容许丝毫对立的。首先是每个乐手的心与手与乐器浑然一体；然后是乐手与乐手浑然一体；再进一步就是乐手与听众浑然一体，以此寻求翕然如一的机会。达到了翕然如一的境界，心手合一地加以演奏，纯净的音乐便会传入人们的耳朵。可它尽管纯净如一，其中却既有金属之音，又有玉石之音，它们严格保持着各自的音色，绝不会相互攻击，既各自独立，又汇合同一个旋律。

"如此这般，随着时间的推移而体现出高低、强弱、缓急等各种各样的变化，而其间又没有丝毫的停歇，即所谓的络绎不绝。那是个在时间意义上浑然一体的世界，是瞬间与永恒的统一。真正的音乐，就应该是这样的。它不是个聆听与让他人聆听的世界。更别说是与他人比试演奏技巧,或者将人分作懂音乐与不懂音乐的了——那简直就是跟音乐无关的两码事儿。"

听了孔子的这番音乐论,乐长顿生一种拨云见日之感。可当孔子的最后几句话钻入他耳朵之后,他的内心开始隐隐作痛。同时,他也感到,被孔子指出他"心存邪念"也是理所当然的。

"您的教诲令我大为感动。多谢!多谢!我决定,今后在磨炼技艺的同时,也要修身养性,力争更上一层楼。"

他表达了肺腑之言后,便离开了孔子的屋子。然而,孔子在听着他的脚步声渐渐远去的同时,却不禁暗忖道:

"对于最高层次的技巧并不产自手和喉咙,而产自心这事儿,乐长像是明白了。他的音乐,今后也终将成为真正的音乐吧。可是,他似乎尚未发觉我的音乐论同时也是人生哲学啊!这对于将终极目标设定在音乐演奏技艺上的他来说,或许也在所难免吧。不过也不用着急。想必他总有一天会醒悟什么才是服务于人生的音乐。毕竟他原本就是个十分认真的人啊!"

于是,尽管在当天的仪式上乐长出现了失误,孔子却反倒带着比往常更为欢快的表情退了出去。

原注:

子曰:"《诗》三百,一言以蔽之,曰:'思无邪'。"
——《论语·为政篇》

今译: 孔子说:"《诗经》三百篇,用一句话来概括,就是不虚假。"

犁[1]牛之子

子曰:"雍也可使南面。"

仲弓问子桑伯子[2],子曰:"可也,简。"仲弓曰:"居敬而行简,以临其民,不亦可乎?居简而行简,无乃大简乎?"子曰:"雍之言然。"

——《论语·雍也篇》

今译: 孔子说:"冉雍这个人,可以让他当官治理百姓。"

仲弓问子桑伯子这人怎样,孔子说:"这人不错,行事简要。"仲弓说:"内心严肃,行事简要,这样来治理百姓,不也挺好吗?内心随便,行事简要,不是有些简单粗暴了吗?"孔子说:"你说得对!"

或曰:"雍也仁而不佞。"子曰:"焉用佞?御人以口给,屡憎于人。不知其仁,焉用佞?"

——《论语·公冶长篇》

今译: 有人说:"冉雍这个人有仁德却没有口才。"孔子说:

---

[1] 犁,杂色。——译者注
[2] 已不可考。——译者注

"要口才干什么？靠巧舌如簧与别人周旋，常被人讨厌。我不知道冉雍是否达到仁德，但要口才干什么呢？"

子谓仲弓曰："犁牛之子骍[1]且角，虽欲勿用，山川其舍诸？"

——《论语·雍也篇》

今译： 孔子对冉雍说："杂色牛生的牛犊通身赤色，两角整齐端正，即使不想把它用作祭品，山川之神肯放弃吗？"

---

[1] 骍（xīng），赤色。——译者注

"冉雍这个人可以让他当官治理百姓。"

近来孔子时常夸赞冉雍,甚至用上了"可使南面"这种级别的话语。

诚然,冉雍乃孔子的高足之一,为人宽宏大度,绝不悭吝偏狭,且品行出众。孔子如此夸他,倒也没有夸错。可是,即便如此,同门师兄弟中谁都觉得,老师多少也有些夸过头了。

即便是冉雍自己,也不免深感愧疚。他想起了老师曾经说过的话:

"(原注1)合于道的忠言,是谁都无法从正面加以反驳的。可重要的是改正过错。委婉的话语听着顺耳,让人心情舒畅。可重要的是探寻真意。要是心情舒畅了就不去探寻真意,仅仅是表面顺从而不改正过错,这样的人也就不可救药了。"

老师会不会表面上夸我"可使南面",实则在委婉地讽刺我的缺点呢?要说起来,似乎世人是拿我与子桑伯子相提并论的。子桑伯子也是条好汉子,为人绝不小肚鸡肠,多少有些大大咧咧。莫非我也有这样的缺点?虽说我自己倒是在这方面时刻留意着的——他这么寻思着,反倒为受到夸奖而惶恐不安起来了。

可话虽如此,他也不能去对孔子说:

"老师,请您不要这么拐弯抹角的,有什么话您就直说好了!"

因为，要是孔子回答说：

"我可没有一点儿暗讽的意思。"

那他可就大大地失礼了。

于是在某一天，他便若无其事地问了孔子对于子桑伯子的看法。他心想，要是孔子夸自己的话中含有讽刺意味，那么在谈论子桑伯子时，话锋自然会扫向自己的。

不料孔子的回答十分简明扼要："哦，他也是个了不起的人物。虽说有些不拘小节。"

听孔子的口气，似乎根本就没将子桑伯子与自己相提并论的意思。冉雍期待落空，便又进了一步说道：

"我觉得不拘小节，也要看具体情况的……"

"嗯。那么，你觉得应该怎样才好呢？"

"我觉得平时还是要恭敬谨慎，万事都要仔细斟酌，而到了具体执行时，就不能斤斤计较了，不妨不拘小节一点儿。这应该就是治理民众的要诀吧。倘若平时就不拘小节，执行起来也不拘小节，那就会流于散漫……"

孔子听了没说什么，只是默默地点了点头。对此，冉雍并不满足，可又不好再多说什么了，只得告辞退出。

然而，在此之后，孔子却多次在门人弟子面前提起冉雍的这番话，又不住地夸奖他，连连感叹道："冉雍果然有气度啊！"

冉雍听说后，十分感动。但他决不会因此而心安理得。为了不辜负老师的夸赞，他反倒越来越严格要求自己了。他曾向孔子请教过"仁"的含义，孔子回答说：

"（原注2）只要一踏出家门，就要如同面见贵宾一般谨慎。安排老百姓做事的时候，要像在宗庙里祭祀一般小心。自己不喜欢的事情，决不要对别人那么做。侍奉诸侯也好，侍奉卿大夫也罢，都不能心生怨恨。"

当时，冉雍理解为，老师通过这番话，是在教他"敬慎"与"宽恕"这两种德行。

于是他就发誓道："我一定遵守您的教诲！"

当然，他至今都没忘记这一誓言。故而他暗下决心：老师越是夸赞自己，自己就越是要谨慎小心。

然而，不幸的是，冉雍的父亲身份低贱，且平素行为不甚检点。于是，在同门师兄弟中，就有人因他出身低微而看不起他，尤其是听到孔子夸赞他后，便心中不快，甚至故意挑刺儿。有一次，一位同门还像是故意让孔子听到似的大声说道：

"冉雍近来也像是进入了仁者的行列了，可遗憾的是，他没有辩才啊！"

孔子并未轻易地放过这话，他厉声喝问那名弟子道：

"你说什么？辩才？有没有辩才，又有什么关系呢？"

那人顿时慌张了起来。可随即就强作镇静，满不在乎地说道：

"可是，照他那样，要是去游说诸侯的话，想必人家也不会搭理他的吧。这不是可惜了吗？"

说到最后这句话时，他还故意加重了口气。他这种做法，是足以令有心人为之侧目的。然而，也有一些幸灾乐祸之辈，在一旁讪笑着，想听听孔子如何回答。孔子板起脸来，稍稍垂下了眼帘。可当他再次抬起眼来扫视众人时，眼中却射出了锐利的光芒。

"伶牙俐齿之徒，说的话往往空洞无物，无聊透顶。尽管他们巧舌如簧，可终将为世人所厌弃。至于冉雍，他是不是仁者，我不知道。可我知道他是个说话十分谨慎的人。应该说，尽管他不是个伶牙俐齿之人，也是无伤大雅的。对于一个诚实君子来说,有没有辩才,又有什么关系呢?"

这事儿在当天,就这么过去了。然而,对于冉雍的各种流言蜚语并未因此而停息。关于他本人的事情说完了之后,他们又开始拿他父亲的不端行为说事儿了。当然了,这种坏话也不是从现在才开始的。其实,孔子之所以要特别赞扬冉雍,就是想让弟子们了解他真正的价值,从而不再对他的父亲说三道四。但事与愿违,好心却帮了倒忙。

孔子越是称赞冉雍,他的门人弟子就越是起劲地在背地里议论冉雍的出身及冉雍父亲的恶行。

孔子不禁黯然神伤。(**原注3**)因为他十分清楚,女子与小人,原本就是很难驾驭的。跟他们亲近一些,他们就会肆无忌惮;稍稍疏远一些,他们又会心怀怨恨。孔子知道,如今因自己称赞冉雍,那些弟子的小人之心已受到嫉妒的严重侵蚀。

"小人之所以会肆无忌惮,会怨恨,会产生嫉妒之心,说到底,都是由于他们心里只有自己、只爱自己。恶之根本,就在于太爱自己了。只要不认识到这一根本性的恶,他们就是不可救药的。"

(**原注4**)当然了,与冉雍的问题无关,孔子早就针对这一点而教育其弟子了。为此,平时他就尽量不谈"利",即便偶尔涉及,也总是结合了"天命""仁"来谈。并且,一有机会,他就告诫弟子们不要执着于自我。孔子还说:"(**原注5**)固执己见,勉强行事,强行抑制等,都不符合君子之道。能够规范君子行为的,只有正义而已。"(**原注6**)他自己极为注意,不做主观臆断,绝不固执己见,矫正陈规陋习,尽量不陷入与他人对立的境地。

然而,他的这番努力,却对那批浅薄无知的弟子毫无用处。

"天命"也好,"仁"也罢,对于他们来说太过虚无缥缈。他们只要在冉雍身上找到一点点碴儿,就感到心满意足了。对于这种弟子,饶是高明如孔子,也同样束手无策,甚至有几次都让他感到绝望了。

尽管如此,孔子也是决不会抛弃一名弟子的。于是在冥思苦想之后,他终于想出了一条妙计。那就是带着那五六名老是找冉雍麻烦的弟子,一起去郊外散步。

奉命陪同老师出行,令那几名弟子感到十分有面子。故而他们全都得意扬扬、欣喜不已地跟在孔子身后。

田野里,这儿那儿的,到处都有牛在耕地。

这些耕牛大多是杂色的,头上的角不是长得歪歪扭扭,就是左右不对称。孔子对此,都一一投去了关注的目光。不一会儿,他的目光就停在了一头赤色的牛身上。那还是头小牛,在阳光的照耀下,柔滑的皮毛熠熠闪光。头上的一对角虽尚未长足,却左右相对,各呈饱满的半圆形,极为匀称有致。

孔子走近那头牛后,便突然停下了脚步,并对弟子们说道:"多俊的牛啊!"

弟子们其实对牛并不怎么感兴趣,可听孔子这么一说,也只好将视线朝牛身上投去了。

"这样的牛,完全可以用作祭祀时的牺牲了。"

弟子们心想,哦,原来今天老师是为了寻找牺牲,才带我们来郊外的啊!于是他们便十分起劲地附和了起来。

"是啊,这牛真漂亮啊!"

"这么漂亮的牛用来耕地,也太可惜了吧!"

"这一带很难找到这么好的牛啊!"

"老师您要买吗?要买的话,我们马上就去找人交涉。"

然而，孔子并未回答他们。他又迈开了脚步。随后，他又自言自语似的说道："真是一头罕见的牛啊！只是，血统不好，不堪大用啊！"

弟子们听了，不禁面面相觑。用作祭祀，只要毛皮是红色的，牛角长得好看，不就行了吗？从未听说过还有什么血统问题。因此，他们都觉得有些不可思议。

"血统如何，不是无所谓的吗？"

其中的一人忍不住问道。

"就算是杂色牛生的，天地山川诸神也不会嫌弃。"

"没事儿，只要它本身够格就行。"

"哦，你们也觉得是这样啊！这下我也就放心了。"

弟子们再次面面相觑。他们根本猜不出孔子到底要说什么。

说完这句后，孔子又默不作声地往前走去了。走出了五十来米后，他却又若有所思地说道：

"哦，对了。冉雍最近怎么样了？他不也是犁牛之子吗？我时常听说他像是不合神明心意似的……"

弟子们第三次面面相觑。不过这次他们很快就各自转移了视线，最后都将视线落在了自己的脚尖上。

孔子继续说道：

"不过，要是知道了有你们这样不在意血统的同学，他一定会很高兴的。当然，我也很高兴。（**原注7**）其实，君子就是要在美好的事情上成全别人，而绝不能乘人之危，利用别人的缺点。可世上，偏偏多是吹毛求疵、说三道四的小人啊！"

弟子们开始觉得跟孔子出来散步是受罪了。

"哦，我们已经走出来很远了。该回去了吧？"

说罢，孔子便转过身来，指着那头红牛，再次说道：

"多俊的一头牛啊！这么好的牛，神明一定会满意的。"

这些门人弟子，经过孔子如此这般的一番教诲，是否开始认真反省了尚是疑问，但从那以后，没人再敢议论冉雍的出身及他父亲的品行，倒是确凿无疑的。当然了，就冉雍本身来说，对这些事是毫不在意的。因为他觉得只要自己谨言慎行，以此报答孔子的知遇之恩就可以了。

原注：

1. 子曰："法语之言，能无从乎？改之为贵。巽与之言，能无说乎？绎之为贵。说而不绎，从而不改，吾末如之何也已矣！"

——《论语·子罕篇》

今译：孔子说："符合礼法规则的话，能不叫人顺从吗？改正错误才可贵。顺从己意的话，能不叫人高兴吗？分析一番才可贵。只是高兴而不分析，只是顺从而不改正，那我也没办法了！"

2. 仲弓问仁。子曰："出门如见大宾，使民如承大祭。己所不欲，勿施于人。在邦无怨，在家无怨。"仲弓曰："雍虽不敏，请事斯语矣！"

——《论语·颜渊篇》

今译：仲弓问什么是仁。孔子说："出门做事，如同接待贵宾，治理百姓，如同承办重大祭典。自己不想要的，不要强加给别人。仕于诸侯不心生怨恨，仕于卿大夫也不心生怨恨。"仲弓说："我虽然不聪明，但一定照您的话去做。"

3. 子曰："唯女子与小人为难养也，近之则不孙，远之则怨。"

——《论语·阳货篇》

今译： 孔子说："只有同女子与小人交往是困难的，亲近他们，他们就会无礼；疏远他们，他们又会怨恨。"

4. 子罕言利，与命，与仁。

——《论语·子罕篇》

今译： 孔子很少谈利，但许命，许仁。

5. 子曰："君子之于天下也，无适也，无莫也，义之与比。"

——《论语·里仁篇》

今译： 孔子说："君子对于天下的事，没有规定一定要这样做，也没有规定一定不能这样做，一切都取决于是否适合道义。"

6. 子绝四：毋意，毋必，毋固，毋我。

——《论语·子罕篇》

今译： 孔子要根绝四种毛病：不悬空揣测，不武断绝对，不迂腐固执，不唯我独尊。

7. 子曰："君子成人之美，不成人之恶；小人反是。"
——《论语·颜渊篇》

今译： 孔子说："君子成全别人的好事，而不促人作恶；小人则相反。"

探异闻

陈亢[1]问于伯鱼[2]曰:"子亦有异闻乎?"对曰:"未也。尝独立,鲤趋而过庭。曰:'学《诗》乎?'对曰:'未也。''不学《诗》,无以言。'鲤退而学《诗》。他日,又独立,鲤趋而过庭。曰:'学礼乎?'对曰:'未也。''不学礼,无以立!'鲤退而学礼。闻斯二者。"陈亢退而喜曰:"问一得三:闻《诗》,闻礼,又闻君子之远其子也。"

——《论语·季氏篇》

今译: 陈亢问伯鱼说:"您在老师那儿,听到过什么与众不同的说法吗?"伯鱼答道:"没有。有一次他独自站在院子里,我恭恭敬敬地走过,他问我:'学过《诗经》没有?'我说:'还没

---

[1] 陈亢(公元前511—?),名亢,字子亢,又字子禽。春秋末期陈国人。孔子的学生,名列"孔门七十二贤"。曾经担任过单父宰,施德政于民,颇受人爱戴。《史记·仲尼弟子列传》无此人,《孔子家语·七十二弟子解》列为孔子弟子。——译者注

[2] 伯鱼(公元前532—公元前483年),孔氏,名鲤,字伯鱼,孔子唯一的儿子。春秋末期鲁国陬邑人。孔鲤先孔子而亡,留下了"孔鲤过庭"的典故。"伯鱼"一词也被后世用作对别人儿子的美称。孔鲤育有一子孔伋。——译者注

呢。'他就说：'不学《诗经》，就没法说话。'我退下后就开始学《诗经》。过了几天，他又独自站在院子里，我又恭恭敬敬地走过，他问我：'学礼没有？'我回答道：'还没呢。'他说：'不学礼，就没法立足于社会。'我退下后就开始学礼。我听到的也就这么两件事。"

陈亢回去后高兴地说："我问了一件事，却了解了三件事：了解了《诗经》；了解了礼；又了解君子不特殊对待自己的儿子。"

陈亢，字子禽。

他大老远地从陈国跑来鲁国，向孔子请教学问。可是，孔子的门人弟子太多了，像他这么个年纪轻轻的新入门弟子，几乎都没机会直接跟孔子说话，平时都跟着孔子的高足子贡学习。可他一直留意着孔子的一言一行，哪怕是通过间接的方式，他也很想了解孔子。

有一次，他对子贡提出了一个奇怪的问题：

"您只是出于恭敬，才对孔老夫子执弟子之礼的吧？因为我觉得，您比他老人家更加贤明。"

他这么说，自然是出于他想了解孔子的迫切心情，但就某种程度而言，倒也是真心话。因为，偶然接触到孔子时，孔子总给他一些极为朴素的教诲。例如：

"（原注1）我也不是一生下来就什么都知道的。只是喜好古代圣人之道，并孜孜以求罢了。"

"（原注2）我所担忧的，是不修德行；不研究学问；知道了正义却不能实行；不改正缺点。"

"（原注3）默默地悟道，学而不厌，诲人不倦，都不容易啊！我自己像是一样都没做到。"

反观子贡，说起话来伶牙俐齿，巧舌如簧，简直能令他头晕目眩。

然而，对于他的如此提问，子贡却十分严肃地说道：

"（原注4）君子说话要慎重，不能信口开河。因为，一句话能显示出你是个智者；一句话也能暴露出你学识浅薄。我是远远及不上他老人家的。这跟不能踩着梯子爬到天上去是一个道理。要是他老人家得志，来治理一个国家的话，那才是古语所说的'有所树立必能卓然而立，有所引导必能闻风而行，有所安抚必能扶老携幼而至，有所役使必能协力同心而为。活着时万民拥戴，死去后四海悲哀'啊！就是说，他能让百姓丰衣足食，能使道义得以施行，万民归顺，共享和平。他老人家活着的时候，百姓称颂其仁政。他死后，大家都像死了爹娘似的悲伤不已。我哪有这种本事呢？即便是拿我与他老人家相提并论，我也羞愧难当、无地自容啊！"

可即便听了子贡的这么一番话，陈亢依旧无法清晰地把握孔子这么个人物。于是，有一次他又问子贡道：

"孔老夫子无论到哪一国，都会以某种方式参与该国的政治。这到底是他自己要那么做的呢，还是该国的君主主动给他这种机会的呢？"

陈亢之所以这么问，是因为他内心有个疑问：莫非孔子是个功名心特别强的人？说不定他在哪个国家都待不长，就是这个缘故。

对此，子贡的回答是：

"（原注5）他老人家的容貌、言行之中，会不自觉地透出温、良、恭、俭、让这五种美德。各国的君主遇见他后，都会不由自主地向他请教政事。所以，这跟许多人靠阿谀奉承来谋求官位，是截然不同的。也就是说，诸侯求之于他老人家的是德。故而在自己的德行无法推行的国家，他老人家是毫不眷恋其地位的。这一点,不也是很清楚的吗?"

陈亢从自己所敬仰的子贡嘴里,经常能听到如此这般的话语,时间一长,他也就渐渐地觉得自己有些了解孔子了。与此同时,他也为很少有机会直接与孔子接触而感到遗憾。

可问题是,陈亢这人生性多疑。这一点,从他向子贡打听孔子时所说的话上也能看出来。虽说他这种性格还远未到乖戾拧巴的程度,可也每每会犯点儿凡事都往坏处想的小毛病。

"该不会因为我是新来的,又不是鲁国人,才对我这么冷冰冰、不理不睬的吧?要说起来,对待新来的,应该更加热情才是啊……对了,孔子宠爱有加的颜回、子路、闵子骞、冉伯牛等,这些家伙都是鲁国人。而对于自己最敬重的子贡,孔子就不像对颜回、子路那么看重了,莫非也因为他是卫国人的缘故?"

虽说还没到钻牛角尖的地步,可不知不觉地,他已经开始往这方面去想了。而在这么想之后,他的脑海里又突然浮现出了伯鱼来。

"伯鱼是孔子的独生子。虽说在平时,孔子拿他也与其他门人弟子一视同仁,不过这恐怕只是表面现象。背地里,肯定教了他一些对其他门人弟子秘而不宣的东西。因为,即便是孔子,应该也希望自己的亲生儿子高于门人弟子的吧?"

不过,他动起了这样的小心思之后,也并未感到有多么的不快。因为,他同时也想到了:自己只要多接近伯鱼,不就能获得别的同门师兄弟不可能获得的珍贵教诲了吗?他甚至为自己的这一伟大发现而暗自发笑。

在此之后,他每次看到伯鱼,都会凑上前去,并千方百计地与之搭讪。并且,他知道他们俩的对话是不能让别的门人弟子听到的,故而他还总是在避人耳目上费尽了心机。

然而，他的这番苦心、这番努力，结果却收效甚微。因为，伯鱼本就是个沉默寡言的人，偶尔说起点儿什么来，也说不出什么特别的东西。至于像是孔子特别传授的金玉良言之类，几乎就没有。

"看来，果然是子贡比孔子更伟大些啊！"

陈亢时不时地就会作如此想。与此同时，他也会将自己与伯鱼作比较。

"伯鱼也不傻，或许他将孔子私下传授的东西秘而不宣亦未可知吧？"

这么一想，他也到底有些感到不快了。于是在某一天，当他和伯鱼并肩走在孔子家的院子里时，终于忍不住问道：

"你是老师的独生子，又一直侍奉在他的身边，总会听到一些普通弟子听不到的珍贵教诲吧？要是没什么不方便的话，能不能透露一些给我这个新来的呢？"

"哎！其实，我也没什么——"

说到这儿，伯鱼沉吟片刻，然后继续说道：

"嗯，真要说的话，曾经有过这么件事儿。有一天，我一路小跑着经过院子的时候，父亲问我说：'你学《诗经》了吗？'我回答：'还没呢。'他就呵斥我说：'不学《诗经》，就没法跟人说话！'后来，我就开始学习《诗经》了。"

"哦，原来是这样啊！"

"过了几天，我又一个人一路小跑地从父亲面前经过，他问我说：'你学礼了吗？'我只得老实回答说：'还没呢。'于是他又呵斥了起来：'不学礼，怎么立足于社会，怎么与人交往呢？'后来我就开始学习礼了。"

"哦，原来是这样啊！"

115

陈亢脸上的表情,既像是十分满意,又像是十分失望。嘴里不停地应着:"哦,原来是这样啊!"

这时,他抬头一看,见孔子独自一人,正拄着拐杖朝他们走来。看样子,他老人家是搞什么研究告一段落后,出来换换脑子的。孔子走近后,他们俩便赶紧站定身躯,深施了一礼。孔子笑呵呵地说道:

"你们俩一直在这儿转圈,像是十分亲密。"

见孔子觉得自己跟伯鱼十分亲近,陈亢非常高兴。不过他并未答话,只是默默地看着伯鱼。伯鱼说道:

"是的。最近我们特别亲近。我还从他身上学到了许多东西,非常高兴。"

"哦,哦,好啊。年轻人之间相互切磋,是很重要的。怎么样?今天也算我一个吧。"

说罢,孔子便迈开了脚步。二人便紧随其后。

"今天是个多么幸运的好日子啊!"

陈亢心想。他内心雀跃不已。

"可是——"

孔子边走边说道:

"两人亲密无间是好事,但是,可不能因此闭塞了交友之道啊!(**原注6**)君子是公平无私的,是要广交朋友于天下。小人则正好相反,只根据自己的好恶来与人交往。所以,他们总是形成小圈子。形成小圈子倒也罢了,只是那样的话,是交不到真正的朋友的。真正的交友之道,是贯穿着道义的。"

陈亢那雀跃的内心,一下子像是被冻住了一般,变得冰凉冰凉的了。

"哦,不过——"

孔子回顾他们二人说道：

"我并非说你们是小人之交。只是想到什么就说什么而已。"

陈亢这才放下心来。然而，他的心头总沾着那么一丝苦涩，挥之不去。

"哦，对了。我中途打断了你们，非常抱歉。你们刚才在谈论些什么啊？"

陈亢见孔子动问，心中又是一惊。他一边听伯鱼如实回答孔子的提问，一边十分在意地望着孔子的后背。

孔子边踱步边默默地听着伯鱼的讲述，听完之后，不禁感慨颇深地说道：

"哦，我还给你讲过这样的话啊！不过，确实如此。（原注7）君子的学问，就在于《诗经》与礼。诗可令人感发兴怀，可以教人洞察人生，可以培养与他人共同生活的情感，又能教会人们用优美的技巧来表达心中的怨恨。领悟了《诗经》的真谛，往近了说，可以服侍双亲；往远了说，可以侍奉君主。并且，通过《诗经》，还能学到鸟兽草木等天地间的各种知识。

"（原注8）而礼，是人类和谐内心的具象化。其根本在于'敬'与'让'。敬之又敬，让之又让，人的内心就会产生和谐。而将此和谐用一定的形式表现出来，就是礼。因此，即便如治理国家这样的大事，也只要以礼让之，以心事之，就没什么困难了。反之，非但治理不好国家，礼本身也会变得徒有其表，自己的内心也不得安宁。所以说，无论是《诗经》，还是礼，都不仅仅是语言或形式。希望你们要牢记这点，认真学习啊！"

孔子的这番话，让陈亢和伯鱼都听入了迷。他们的脚都快要踩上孔子的脚后跟了。而在孔子说完后，他们俩都一时无语，只是默默地朝前走去。

"还有——"

孔子突然停下了脚步。陈亢与伯鱼也一起回过了头来。

"我好像说得太多了。你们也不能光是听。光是听,是长不了学问的。与其一个劲儿地打听高深的道理,还不如自己认真思考一下。哪怕仅思考一件事也好。当然了,所谓思考,也不是光思考道理。重要的是实践。(**原注9**)'该如何才好?''该如何才好?'要如此这般苦心焦虑,不停地思考。否则的话,就连我也不知道该如何指导才好。

"说到底,只想打听些什么,除了显示其内心浅薄,是没有别的什么用处的。在这方面,子路就非常令人敬佩。(**原注10**)他听到了一个道理,在尚未付诸实施之前,甚至都会害怕听到别的道理。我觉得追求真理的人,就应该有这股子认真劲儿。"

陈亢原本内心十分愉悦,可听了孔子的这话后,感觉就跟被人突然背起来摔倒在地一般。他看着孔子再次转身并迈开了脚步,自己却只是呆呆地站在原地。

"孔子这人,真可怕啊!"

在回去的路上,这样的念头多次在陈亢脑海里闪过。与此同时,他对孔子的疑心,以及利用伯鱼去打探的想法,已经荡然无存了。他认为:

"自己不怀好意地问伯鱼,结果问了一个问题,却明白了三件事:第一是《诗经》;第二是礼;第三则是孔子是对自己的儿子与门人弟子一视同仁,毫无区别。"

第二天,他将此事原原本本地告诉了子贡,并说道:

"通过这件事,我多少也了解了一点儿孔子他老人家了。"

不料子贡说道:

"这可真是太好了。(**原注11**)不过,要想真正了解孔子可没那么容易。譬如说,他在讲述诗书礼乐时,那些话是能听懂的。可是,一些更为本质的东西,也即人性、天道之类有关人生观、世界观的方面,他就很少提及,偶尔讲起,我们也很难理解。总之,孔子他老人家是深不可测啊!"

原注:

1. 子曰:"我非生而知之者,好古,敏以求之者也。"
——《论语·述而篇》

今译:孔子说:"我不是生来就有知识的人,而是爱好古代文化,勤奋敏捷去追求知识的人。"

2. 子曰:"德之不修,学之不讲,闻义不能徙,不善不能改,是吾忧也。"
——《论语·述而篇》

今译:孔子说:"不培养品德,不探究学问,知道大义在哪儿却不能靠近,有缺点却不能改正,这些都是我所忧虑的。"

3. 子曰:"默而识之,学而不厌,诲人不倦,何有于我哉?"
——《论语·述而篇》

今译:孔子说:"默默记住知识,学习而不厌烦,教人不知疲倦,我做到了哪一样呢?"

4.陈子禽谓子贡曰:"子为恭也,仲尼岂贤于子乎?"子贡曰:"君子一言以为知,一言以为不知,言不可不慎也。夫子之不可及也,犹天之不可阶而升也。夫子之得邦家者,所谓立之斯立,道之斯行,绥之斯来,动之斯和。其生也荣,其死也哀。如之何其可及也!"

——《论语·子张篇》

今译: 陈子禽对子贡说:"您太谦虚了,孔子难道比您还强吗?"子贡说:"君子一句话显出智慧,也会一句话显出无知,所以说话不可不谨慎。他老人家的遥不可及,好比不能踏着台阶上青天。他老人家若能执掌一个国家,想要建立什么制度就能建立,道也会得到推行,有所安抚民众就会来投靠,有所调动必能协力同心而为。生时受人尊敬,死后为人悼念,我又如何能赶得上呢?"

5.子禽问于子贡曰:"夫子至于是邦也,必闻其政。求之与?抑与之与?"子贡曰:"夫子温、良、恭、俭、让以得之。夫子之求之也,其诸异乎人之求之与!"

——《论语·学而篇》

今译: 子禽问子贡说:"夫子每到一个国家,必能听闻该国的政事,是他打听到的呢?还是该国国君主动告知他的呢?"子贡说:"他老先生是靠着温和、善良、恭敬、俭朴、谦让得到的。他老人家获得的方法,大概不同于别人获得的方法吧?"

6.子曰:"君子周而不比,小人比而不周。"

——《论语·为政篇》

今译: 孔子说:"君子以道广泛结交朋友而不互相勾结,小人则互相勾结而不讲究是非原则。"

7.子曰:"小子何莫学夫《诗》?《诗》可以兴,可以观,可以群,可以怨。迩之事父,远之事君。多识于鸟兽草木之名。"

——《论语·阳货篇》

今译: 孔子说:"你们为什么没人学《诗经》呢?读《诗经》可以用它吟咏事物,可以用它观察事物,可以用它交往朋友,可以用它表达哀怨。近可靠它服侍父母,远可靠它侍奉君主,还可以多多记住鸟兽草木的名称。"

8.子曰:"能以礼让为国乎?何有!不能以礼让为国,如礼何!"

——《论语·里仁篇》

今译: 孔子说:"能够用礼仪与谦让来治理国家吗?这有什么困难的!若不能用礼仪和谦让来治理国家,又怎样对待礼呢?"

9.子曰:"不曰'如之何、如之何'者,吾末如之何也已矣。"

——《论语·卫灵公篇》

今译：孔子说："不说'怎么办，怎么办'的人，我对这样的人也不知道怎么办啊！"

10. 子路有闻，未之能行，唯恐有闻。

——《论语·公冶长篇》

今译：子路知道了一条道理但还没能实行时，唯恐又听到新的道理。

11. 子贡曰："夫子之文章，可得而闻也；夫子之言性与天道，不可得而闻也。"

——《论语·公冶长篇》

今译：子贡说："老师讲文献方面的学问，我们听得到；老师讲天性和天道的言论，我们听不到。"

天之木铎 [1]

仪封人请见,曰:"君子之至于斯也,吾未尝不得见也。"从者见之。出,曰:"二三子何患于丧乎?天下之无道也久矣,天将以夫子为木铎。"

——《论语·八佾篇》

今译: 仪地的镇守边界的官员请求拜见孔子,说道:"凡是有君子来到此地,我都要与他见面的。"随行的学生便让他见了孔子。他告辞出来后,对学生们说:"你们何必为辞去官职而忧愁呢?天下无道的日子已经很久了,上天会把他老人家当作民众的导师啊!"

---

[1] 以木为舌的铜铃,古代用以宣布政教法令。——译者注

"其实，这就是我唯一的兴趣爱好。哦，说是兴趣爱好，实在是有点儿失礼了。可是，我也确实靠着这么一点点乐趣，才坚守在这么个关卡上的。"

仪这个地方的守关人，是个已经年近古稀的老人。他为了跟孔子见上一面，来到孔子下榻的地方，找到了孔子的弟子冉有，捶打着自己弯着的腰，说个没完。

这事儿发生在鲁定公十三年（公元前497）。那一年，孔子五十五岁。他辞去了鲁国的大司寇之职，刚刚踏上周游列国的旅途。

仪是与鲁国接壤的一个卫国城市。

"那么，你在这儿干了多少年了呢？"

冉有并不想让这个守关人去见孔子。他心想，孔子要见的不是诸侯，至少也是大夫。要是跟这种差官小吏也都一一见面交谈，怎么应付得过来呢？再说，孔子如今落魄了，要是刚刚进入卫国地界，就接见这么个老态龙钟的守关人，传出去也有损他老人家的威严，就连我们这些门人弟子，也都脸上无光。眼下这么个当儿，是最不能让人小看了的。所以，尽可能地要把谱摆足。正是考虑到了这些，冉有才竭力岔开话题。

"这个，一晃已有四十来年了。"

守关人猛地挺直了腰，颇为自豪地答道。

"四十年？！"

就是冉有，也不免大吃一惊。

"嗯，我倒也是乐在其中的。因为，做了这么个守关人，能遇见各式各样的人。"

"哦，是这样啊……"

冉有有气无力地敷衍着。

"当然了，刚开始的时候我还不太适应，白白放过了与许多人见面的机会，后来想想真是可惜啊！不过近来我已经掌握了诀窍，只要是被我看上的，全都能与之见面。这也可以说是我干了这么多年的守关人，所获得的额外好处吧！"

听着听着，冉有有些生气了。他两眼瞪着房顶，没去理睬守关人。

"孔老先生远道而来，车马劳顿。这个我非常清楚。所以，我只要能跟他说上那么两三句话就行了。倘若仅仅是在他经过时，瞥上那么一眼，老汉我是无论如何也不会满意的。更何况我知道孔老先生是了不起的人物，即便将我之前见到的那些人捆在一起，也是无法与他老人家相比的。我甚至还想过，有这么个经历当作珍贵纪念的话，即便辞了这么个守关的活儿，告老还乡也值了。"

听了他这话，冉有感到气儿有点儿顺了。不过他不打算将守关人引见给孔子。

"哦，我也不是说非得马上就见。只要在明天你们动身之前，稍稍见上一面就可以了。不用担心，需要我在这儿等的话，就算等上一整夜也无所谓。这样的事情，我以前也碰到过不止一次了。"

冉有情不自禁地笑出了声。守关人不失时机，趁热打铁道：

"我能拜托您吗?"

说着,他便将一张惴惴不安的老脸凑到了冉有的眼前。

"我只替你通禀一声,见不见的,我可做不了主。"

冉有终于站起身来。

"真是太感谢您了。其实,只要您肯为我通禀就行了。我知道,您老师肯定会见我的。在此之前,虽说也不乏推三阻四之人,可要说起来,大多是随从在从中作梗,要不就是其本人也并不怎么了不起。因为,只要多少懂一点儿人情世故的,一般都会体谅地位低的人或老人的心情。"

冉有闻之愕然。他不由得停下了脚步,死死地盯着守关人的脸看,像是要用目光在他脸上看出一个洞来似的。而守关人则在此瞬间,将目光转向了窗外,大大地伸了个懒腰,并用打趣的口吻说道:

"哎呀呀,这下子我总算是如愿以偿了。"

冉有站着,一连摇了两三下脑袋。他沉吟了片刻,随即便像是拿定了主意似的朝里屋走去了。

过了五六分钟,冉有板着脸回来了。他冷冰冰地说道:

"老师肯见你。"

说罢,他就吩咐待在侧室的年轻弟子带守关人进去。

守关人也没了刚才的那股子热切劲儿,连看都不看冉有一眼,嘴里嘟囔着:"哦,哦,是这样啊。您看这话是怎么说的……"然后磨磨蹭蹭地走出了房间。

冉有苦笑着目送他进去,随后便在坐榻上坐了下来,将双手抱在了胸前。

"看来我还是不应该替他通禀。我上了那老头的当了。他肯定知道老师那只要通禀就一定会见的一贯做法。老师也是的,这不是太轻率了吗？我都跟他说不能见了，他居然说什么'不，看来那人还是很有意思的'。有意思也好，没意思也罢，不就是个守关人吗？他自己都说他在这个任上已经干了四十年了，可见也是个没多大出息的。接下来，我们就要去遍访诸侯了，可就在这么个节骨眼上，老师偏偏要见这个老头，真不知他是怎么想的。现在，那老家伙肯定又在重复刚才那套叫人难以应付的说辞了吧。跟那么个疯老头闲聊，老师不是自受其辱吗？

"再说了，这还会让人回想起老师做过鲁国大司寇的事儿来。要是老师还身居高位，想必就不会如此受辱了吧？看来这人还是不能失势啊——虽说这话听起来像是在抱怨了。自己说是为了追求道或者其他的什么，可一旦辞去了官职，世人的评价也就立刻改变了。人情世故，就是这样。所以说，老师要是不自重的话，今后不知还要吃多少苦头呢。不管怎么说，今天替那个老头通禀，就是我的失误。"

就在他这么思前想后的当儿，刚才出去办事儿的四五个同门师兄弟，呼呼啦啦地回来了。于是他便迫不及待地将刚才的事情告诉了他们，最后还用非常懊悔的口吻加了一句：

"我以为只要照实说了，老师就不会见他了，不料期待落空了。"

于是一人便得意扬扬地说道：

"（**原注**）那就是你不了解老师了。老师不是常说'不要担心别人不了解自己，而要时刻用心地去了解别人'的吗？"

另一人则满不在乎地说道：

"不用担心。老师是什么人，怎么会受那种家伙的羞辱呢？"

还有人说：

"那是自然。可是，接见那种人，这事儿本身不就有损老师的身价吗？"

冉有抱着胳膊，长叹了一口气，说道：

"我所担心的，正在于此啊！"

对此，大伙儿也颇有同感。其实，他们还担心着自己也会因此而掉价呢。

"那老头对你的态度如何？好像一点儿没有虚心请教的样子。"

一人问冉有道。

"哪有啊？连一点儿谦虚恭敬的苗头都没有。应该说，我反倒觉得受到了愚弄。"

"唉，老师在当大司寇那会儿，在那些下级官吏的眼里，是就连我们也是当作老师一般来看待的。"

"就是这样。"

一个个全都是一副怅然若失的模样。

一时间众人无语。就在此静默无声之际，一个脚步声，由远及近地传了过来。紧接着，房门便被人轻轻地打开了。来人正是守关人。

刹那间，大家都将不愉快的目光射到了他的脸上。可他倒好，依旧笑嘻嘻地走近众人，微微地弯着腰说道：

"哦，各位都是孔老先生的学生吧？"

随即又看着冉有说道：

"刚才多蒙你照应，真是万分感谢啊！今天，老汉我真是太高兴了。今天我才觉得活了这么一大把年纪是值得的。当然了，以前我也见过不少大人物，可他们与孔老先生相比，简直有着天壤之别啊！我才看了孔老先生一眼，心里就觉得十分舒畅了。听了他老人家的谈话，我更是佩服得五体投地啊！在他老人家面前，我简直是无话可说啊！"

"哦，你们别看我这样，其实我也是很不服输的。与人见面时，通常我是会与之计较一番的。可今天在孔老先生面前，我觉得自己就跟一个孩子似的。哈哈，我居然大大地返老还童了。要是返老还童后就这么死了，该是多么的幸福啊！因为，近来世风日下，看到的尽是些乌七八糟的事情，我可真不愿意就这么愁眉苦脸地死去啊！"

冉有和别的弟子，听了他的这番话，全都愣住了，只顾直勾勾地看着老头的脸。那老头却若其事地继续说道：

"哦，对了，你们有这么一位好老师，真是难得啊！你们年纪轻轻的，跟着这么一位好老师研究学问，前途光明，是绝不会厌世的。当然了，你们跟着老师漫无目的地出游，也难免会觉得心里没底。毕竟你们都还年轻。

"可是，你们老师的价值，呃……不，说价值什么的未免太不敬了，嗯……应该说是他老人家的精神。你们老师的精神，就是说，藏在他内心深处的，无忧、无惑、无畏的高贵精神，只有与他一起经历苦难，才能真切地体会到，才能充分领悟。要是你们之中有人因你们的老师辞去了鲁国的大司寇而感到灰心丧气，那可真是要遭报应的。"

说着，老人脸上渐渐地泛起了红潮。孔子的一众门人弟子也不知从何时起，不知不觉地端正了坐姿。

"别的暂且不说，首先——"

老人朝众人走近一步，然后继续说道：

"你们不觉得你们的老师仅仅留在鲁国一国之内做官，太可惜了吗？"

众人面面相觑。无人回答。于是老人突然拔高了嗓门，怒喝似的喊道：

"你们的老师，可不是为了你们的功名利禄而降临人世的！"

房间里的所有人都僵住了，跟一尊尊石像似的，一动也不动。老人微微弯着腰，略微探出脸来，用透着异样光芒的双眼，目不转睛地盯着冉有的脸。

身处凝固了似的空气中，冉有挣扎着想要说点儿什么。不料老人突然呵呵一笑，摆了摆手，说道：

"我不知不觉地扯开了嗓门，真是太失礼了。非常抱歉。我已经看出来了，你们都在为老师的处境担心。可是，如今的天下，道义废弛，你们的老师也不得不经受磨难。要说起来，这也是他老人家的天命啊！

"哦，对了。在我们卫国，朝廷要颁布什么政令，就有人摇响一个叫作木铎的铃铛，到处溜达。想必你们鲁国是不会干这种事的。那玩意儿除了吵得人心烦意乱，一点儿用处都没有。可朝廷就喜欢这么做，又有什么办法呢？我每次听到木铎声就会想，要是有个传播上天声音的木铎，就好了。"

说罢，他一个个地窥探着众人的脸色。随后又恢复了严肃的表情，说道：

"明白了吗？你们的老师，就是这么一个上天的木铎啊！"

房间里又恢复了静默。守关人朝大家频频鞠躬，说道：

"你们看我长篇大论地说了这么多，真是太失礼了。好了，祝你们旅途顺利，身体健康！"

随后，他就磨磨蹭蹭地走出了屋子。

一众门人弟子一动不动地目送着他的背影远去。直到他消失在大门之外，冉有才像是突然清醒过来了似的站起身来，张皇失措地朝孔子的房间跑去。

原注：

子曰："不患人之不己知，患不知人也。"
　　　　　　　　　　——《论语·学而篇》

今译：孔子说："我不担心别人不了解自己，我担心的是自己不了解别人。"

孔子击磬

子击磬于卫。有荷蒉而过孔氏之门者,曰:"有心哉!击磬乎!"既而曰:"鄙哉!硁硁乎!莫己知也,斯己而已矣。深则厉,浅则揭。"子曰:"果哉!末之难矣。"

——《论语·宪问篇》

今译: 孔子在卫国时,一次正在击磬,一个挑着草筐的人经过门前,说道:"这磬敲得有深意啊!"一会儿又说:"何必硁硁作响!如果没人了解自己,那就自己知道就行了。水深就穿着衣裳走过去,水浅就撩起衣角走过去。"孔子说:"真坚决啊!没有什么可以说服他了。"

遭到鲁定公及权臣季氏的疏远后,孔子于五十五岁那年,离开了故乡,踏上了周游列国的漫长旅途。他首先去了卫国,寄宿在弟子子路的大舅子颜雠由的家里。

卫灵公[1]虽是个生性放荡的国君,但出于政治目的,他也很想将孔子留在自己的国内。可是,在到底给孔子何种待遇上,还下不了决心。而孔子呢,比起待遇来,更看重实现自己政治抱负的机会,故而怀着一线希望,静候时机到来。

这种时候,与他的心情最为契合的,无疑就是音乐了。因此在这段时间里,他时常吟诗、弹琴、击磬。

这一天,他也是从一大早就开始击磬了。如同水晶相击一般清脆悦耳的磬声,透过清晨澄净的空气,一直传到了大门外。

"哎?"

一个担着草筐,农夫模样的男子,在门口停下了脚步。

"真好听啊!不过,这磬声中还透着浓浓的欲念啊!"

说罢,他就迈开了脚步。一边走,他还故意"呸!"地往地上吐了口唾沫。

---

[1] 卫灵公(?—公元前493年),姬姓,卫氏,名元。春秋时卫国第二十八代国君,公元前534—公元前493年在位。因性格暴躁、好猜忌而历来评价不高。但知人善任,重用贤臣,因此得以保持卫国国政平稳。——译者注

这时,陪同孔子出游的弟子之一冉有,刚好走出大门。那个怪异农夫的话,被他听个正着。

"这是个怪人啊!"

他心中暗忖着,目送着那家伙的背影远去。

不料那农夫像是早就察觉到了似的,滴溜儿一转身,反倒朝冉有走近了两三步。他那张满是皱纹的脸上堆满了笑容。不一会儿,笑容消失了,却又吐出了长长的舌头。

"是个疯子吧!"冉有心想。

于是他便要迈步朝着与那人相反的方向走去。不料那家伙突然放声大笑了起来。

冉有再次回头看去。

"哦,你也是个心怀欲念的人吧?"

说着,那家伙还招手叫冉有过去。冉有觉得他就是个疯子,本不想理他,可见他欺人太甚,也不由得上火了。冉有依旧站着不动,死死地盯着那家伙看。

"嚯,嚯,干吗怒气冲冲地把脸板得这么吓人呢?倒不如好好听一下那磬的声音。"

"磬的声音怎么了?"

"敲得还可以,是吧?"

"你也听得懂吗?"

"当然听得懂。太听得懂了。还带着一点点欲念呢。很可爱的,是吧?"

"你胡说些什么?"

"嚯,嚯,你又发火了。火气这么大,会显得你品位低下。就跟这磬声似的。"

"什么?!你说这磬声品位低下吗?"

"当然了。虽说也不乏可爱之处,可毕竟品位不高啊!你听,这声音,不是透着一股贪恋劲儿吗?火气还挺旺。虽说跟你的怒火中烧,身价多少有些差异……"

冉有听着,觉得后背有些发凉,于是就想离开了。

"啊,哈哈哈。怎么着?要逃跑了吗?要么怒火中烧,要么转身逃跑,真没出息啊!就不能朴实大方、干净利落一点儿吗?"

冉有鼓起勇气问道:

"你是在说我吗?"

"是啊。不过,那个击磬之人也一样。"

"你知道吗?这个击磬之人可是一位被称作当代圣人的人物啊!"

"哦,哦,好一位师心自用、固执己见的圣人啊!"

"……"

由于对方的话语太过狂放不羁,震惊之余,冉有居然一时间无话可说了。

"难道不是吗?既然没人了解自己,那就老老实实地在家待着呗。到外面来四处乱窜个什么劲儿呢?呵呵呵,见过不谙世事的,可没见过这么不谙世事的啊!"

"老师他……"

"哦,他还是你的老师啊!原来如此。你这么一说,倒还真像啊!如此说来,你也是个被世间抛弃,却又恋恋不舍之人了。"

"……"

"既然这么留恋尘世,那就别再装清高了,老老实实地找个差事干就完了。或者说,要装清高也可以,那就一刀两断,斩断尘缘吧!"

一番话说得冉有无言以对,只有眨巴眼睛的份儿了。突然,那人又扯开嗓门唱了起来：

"想跟我来，就随我过河吧。

"河水深，就穿着衣裳蹚过去。

"河水浅，就提着衣襟走过去。

"你要不愿意，那就随你的便吧。"

那人唱着歌，便朝对面走去了。

冉有像中了邪似的，久久地目送着那人远去。等到回过神来，他才猛然意识到：这就是所谓的隐士吧。他早就听说各地都有一些装扮成农夫、樵夫模样的隐士，可真正遇见，今天还是头一次呢。于是，他就跟遇见了什么极为罕见之事似的，急匆匆地反身进屋，气喘吁吁地向孔子进行了汇报。

孔子听完后，长叹了一声，答道：

"真是个行事果决之人啊！不过，仅仅是做到自己一人清白，还不算太难，难的是要与天下人一起清白啊！"

听了这话，冉有的内心总算踏实了。于是他再次踏出大门，办他的事儿去了。

媚灶

王孙贾问曰:"'与其媚于奥[1],宁媚于灶[2]',何谓也?"子曰:"不然,获罪于天,无所祷也。"

——《论语·八佾篇》

今译: 王孙贾问道:"'与其献媚于奥神,不如献媚于灶神',这句话是什么意思?"孔子说:"不对。得罪了老天,再怎么祈祷也没用了。"

---

[1] 屋子里的西南角。多为尊长居住或设神位处。——译者注
[2] 旧时灶君的略称。古人认为灶里有神。——译者注

孔子想尽快离开卫国,哪怕早一天也好。这是因为他已经看穿了卫灵公的心。诚然,卫灵公曾赠粟六万以示好意,但那也只是为了装饰一下他作为一国君主的体面而已,并非出于体现其政治主张的深思熟虑。更何况其夫人南子是个乱伦之女[1]。故而在对她的日常生活有所见闻之后,以道义为人生准则的孔子,便再也无法忍受了。

然而,孔子在卫国也收了许多学生。由于鲁国是孔子的故乡,故而鲁国的学生非常多,而人数稍逊于鲁国的,就是卫国了。因此,一想到这些门人弟子,孔子就又觉得不能随随便便地离开卫国了。

其实,虽然时间短暂,孔子以前也游历过卫国。那时,他才刚刚辞去鲁国的大司寇。之后,他便去了郑国,又去了陈国,后来再次回到卫国。这次游历,让他充分领教了诸侯内心的浅薄。从此,他的心境就发生了变化,由周游列国以求明君,转为宁静致远,专心教导门人弟子了。

事实上当他还在陈国时,就深切地表达过这样的感慨:

"(**原注 1**)我只想早日回到鲁国故乡,再次看到胸怀理想的

---

[1] 南子本是宋国公主,嫁给卫灵公后仍与宋国公子朝私通,故云。——译者注

淳朴青年的脸。他们尚不懂得中庸之道，只要好好地加以引导，就能茁壮成长。比起敷衍那些浅薄无知的诸侯来，这是多么有意义的事儿啊！"

孔子对于卫国弟子的关心，与对待鲁国弟子并无二致。虽说待在被无道的卫灵公和淫乱的南子搞得乌烟瘴气的卫国，他觉得喘不过气来，可只要与年轻的门人弟子谈论起诗书礼乐，探讨起政治理想来，他就毫无身处异国他乡之感了。因为，只要他进入了这样的精神世界，就无论到哪儿都能找到身在故乡的感觉了。

如此这般，尽管孔子已经决心要离开卫国了，却仍旧日复一日地与门人弟子相伴着。正如我们在外出旅行前，会抱起心爱的孩子来蹭一蹭脸一样，他也将门人弟子的心抱在他那博大的胸怀里，尽量使其沐浴在仁德的光辉之中。

孔子的卫国弟子中，有一位名叫王孙贾的。说是弟子，其实是一位身居高位，执掌卫国军政的大夫。（原注2）孔子曾经说过，卫灵公荒淫无道而卫国并未败亡，全仗着有王孙贾主持军政，仲叔圉主持外交，祝鮀主持祭祀。能受到孔子如此称赞，可见这也是一位了不起的人物。

自不待言，王孙贾是希望孔子一直待在卫国的。他心想：

"孔子其实是想留在卫国的。只是灵公对他敬而远之，让孔子想接近灵公也无法接近了。这样的话，自己就必须身居其间，来促成此事了。不过，要说服灵公是很难的。还得让孔子主动靠近灵公才是。只要自己想办法为之铺平道路，想必孔子也不会太固执的吧。只是眼下时机未到，还不能直接去跟灵公摊牌，否则只会自讨苦吃。现在，最好是让孔子首先帮助身为大夫的自己，并让灵公看到实际效果。只要将实绩摆在灵公的面前，他就不会像以前那样对孔子敬而远之，孔子也能以实际事例来说服灵公了。"

出于这种考虑，有一天，看准了其他门人弟子都不在的当儿，他便坐车直奔孔子的寓所了。

一路上，他还设想着该计划顺利实施后可能出现的种种场景：

"今后，自己将以了不起的孔子为后援来开展工作。民心自然而然地就会集中到自己身上来。到那时，即便是灵公，因形势所迫，行事也不得不谨慎小心了。等到民众开始盛赞自己的美德后，就能让灵公正式起用孔子，让他直接参与机要国政了。如此，则卫国的国政越来越好。而且孔子显然不是个贪功之人。他一定会将所有的功劳都让给我的。不过，我也不能一个人独占名誉。一定要以谦让之德来对待仲、祝两位大夫，绝不能招致他们怨恨。自己的声誉名望自然是不会在他们之下的。不，不仅不会在其下，反倒会……"

他眯缝起眼睛，幻想着自己受到万民敬爱的情景。而在下一个瞬间，他的脑海里居然浮现出了尧舜禅位时的感人场景。

倘若此刻不是因为道路凹凸不平，车厢底板不断地撞击他的屁股，或许他还会将自己幻想成接受禅让的舜吧。

也不知幸与不幸，反正在屁股受到撞击后，他如梦方醒，终于回过了神来。于是便不由自主地喊了一声：

"这可不行啊！"

御者闻听后，不由自主地稍稍收紧了手中的缰绳，说道：

"近来百姓偷懒，不肯好好修路啊！"

不过王孙贾没去理会御者的话，他的心思正被别的事情支配着。他不停地抚摩着胸口，正急于拂去自己心中那居然发展到古代帝王禅位的联想。

"抱着这样的幻想跑去见孔子，那可真是一切都完蛋了。因为，孔子他老人家是一眼就能看穿对方的心思的。前不久，他还教我们如何看人呢，说是这人啊，不管怎么隐瞒自己，有眼力见儿的一看，立刻就能看穿其本来面目。简直是听着都叫人害怕。（原注3）他叫我们观察一个人，在看他的行为与动机的同时，还要看他是怎么生活得心安理得的。也就是说，要看出对方真正想要的是什么，到底什么才是他赖以安身立命的。因此，只要对方眼珠子一转，孔子就能看出他动了怎样的心思。这叫人怎么受得了？总之，去面见孔子时，是绝对不能怀有私心的。"

想到这儿，他才终于摆脱了刚才那种虚无缥缈的幻想。然而，一旦从幻想中清醒过来，他就又走向了另一个极端。如同宿醉方醒的早晨，他的内心变得异常地空虚、无聊。自己到底想干什么？自己那所谓的计划，不是极为可笑的吗？他开始担心起来了。

"孔子听说不让他去直接辅佐卫灵公，而是仅仅去做一个大夫的政治顾问，会有怎样的反应？并且，这个大夫就是我自己。对于孔子来说，我只是他的一名弟子而已。"

他如坐针毡，内心焦躁不已。甚至开始后悔起来，觉得要是能考虑得更仔细些就好了。可是，事到如今，骑虎难下，不能原路返回了。因为，已经连见面的时间都跟孔子约好了。

此时道路已不再颠簸，可他却反倒觉得马车跑得太快了。

他心想，得找一件别的事情去跟孔子交谈，可一时又想不出什么好主意。

很快，马车就停在了孔子寓所的大门口。所谓寓所，其实就是子路的大舅子颜雠由的家。

王孙贾愁眉苦脸地下了车，听到迎候的人跟他打招呼，他都觉得烦。然而,身为大夫,是既不能将脸转向一旁,也不能垂头丧气地看着地面的。于是,一走进大门,他就将视线投射到了屋顶上,径直朝里走去。

忽然,他看到一股黄烟从像是厨房的屋顶处袅袅升起。他立刻就联想到了灶台。

应该说,此刻联想到灶台,就是他天大的幸运了。

"有了!"

他心中暗叫道。

所谓上天的启示,或许就是指这种情况吧。他看到了炊烟,联想到灶台的瞬间,心里也就自然而然地冒出了一句能将他从眼下的困境中解救出来的谚语。这句谚语就是:

"与其媚于奥,宁媚于灶。"

所谓"奥",是指屋子的西南角,是中国人在家里举行最高级别祭祀的地方。所谓"灶",是祭祀与户神、土地神、门神、道路神并列的炊事饭神,也即举行所谓的"五祀"之一的地方。这"五祀"的级别虽低,却各有其明确的神灵,祭祀的内容也比较实在。与此相反,"奥"的级别虽然较高,却没特定的神灵,祭祀的时候也仅仅是在"五祀"之后,举行一个迎接"尸[1]"的仪式罢了。

王孙贾之所以为自己想起了这个谚语而欣喜不已,是因为他觉得,"奥"相当于卫灵公,而"灶"则相当于自己。

他此刻的打算是:自己先不动声色地请孔子对"与其媚于奥,宁媚于灶"这句话予以评说。倘若孔子露出了"媚于灶也未尝不可"的意思,那就开诚布公地说出自己的计划。否则,就只字不提,打道回府。

---

[1] 代表神灵的人偶。——译者注

"古人说'穷则通'[1],还真是这么回事儿啊!"

他就这么暗忖着来到了孔子的房间外。

孔子像是正在沉思默想,得知王孙贾到来,立刻起身迎接。

"老师,想必您近来十分寂寞吧?"

王孙贾落座后说道。他这话自然是为了安慰仍是闲散之身的孔子。

"我的弟子中,有一个名叫颜回的青年。不管多么穷困潦倒,他总给人一种内心深处充满欢愉的感觉。"

孔子借用颜回的事迹表明了自己的心境。王孙贾听了不免稍稍有些脸红。可他依然说道:

"其实,灵公也不是不想用您,只是事情太多,情况比较复杂,所以一直拖延至今……"

他的话还是离不开孔子的仕途。其实,他也知道,要讲出那句谚语来,自然是将话题引向别处比较好,可不知怎的,就是做不到。即便孔子已经十分配合地谈起别的事儿了,他依然会鬼使神差一般地把话头扳回原处。

不过,最后还是被他抓住了一个机会。那是在二人的交谈出现中断之时。他像是突然想起似的问孔子道:

"老师,我在年轻时曾听说过这么一句谚语,说是'与其媚于奥,宁媚于灶'。当时,我还是对这句话挺反感的。可在我有了实际的政治历练后,倒觉得这话说得也不无道理。您觉得我这种想法是否有问题呢?"

孔子微微地皱了一下眉。接着便死死地盯着王孙贾,仿佛要在他脸上看出一个洞来似的。然后才略带微笑地说道:

---

[1] 出自《周易·系辞下》。——译者注

"这话，连一点儿道理都没有！"

虽说王孙贾已经预料到孔子会予以否定，可他没想到孔子的态度、口吻竟会如此严厉、辛辣。他觉得自己像是被扔进了冰窖一般，不由得将身子缩作了一团。

孔子端正了一下坐姿，继续说道：

"无论我们做什么，都不能违背天道。一旦获罪于天，那就无论你怎么祈祷也都无济于事了。因为，天，就是万事万物的支配者，就是真理之母。"

王孙贾煞有介事地点了点头。不过他心里却多少有些为孔子干着急。因为他觉得孔子既想谋求官职，却又不懂得便宜行事。

"耿直也该有个分寸。照这个样子下去，恐怕是没有希望的。"

想到这儿，他心想差不多自己该告辞了。可就在这时，孔子又用叮嘱似的语气说道：

"不仅不能媚于灶，就连奥，也不能取媚。这才是君子之道。君子之道没别的，仅此一条而已。"

王孙贾并不迟钝，孔子把话说到了这份儿上，他自然不会不懂。他知道自己的内心已被孔子看得一清二楚了。想到这儿，他不禁因羞愧与失望而瑟瑟发抖。

然而，也就在这时他才真正认识到孔子的伟大。以至于在不久之后，当晋国的赵简子[1]派使者来卫国迎接孔子时，他为了多听几句孔子的教诲，甚至亲自将孔子一直送到了国境线上。

---

[1] 赵简子（？—公元前475年），原名赵鞅，又名志父，亦称赵孟。春秋末期晋国大夫，走上政坛后推动各项改革，对晋国的政治影响颇大。后扩大封地，为赵国的建立奠定了基础。——译者注

原注：

1. 子在陈，曰："归与！归与！吾党之小子狂简，斐然成章，不知所以裁之！"

——《论语·公冶长篇》

今译： 孔子在陈国，说："回去吧！回去吧！我家乡的那帮学生志向远大而处事疏阔，文采斐然可观，我都不知道再用什么去指导他们了。"

2. 子言卫灵公之无道也，康子曰："夫如是，奚而不丧？"孔子曰："仲叔圉治宾客，祝鮀治宗庙，王孙贾治军旅。夫如是，奚其丧？"

——《论语·宪问篇》

今译： 孔子谈及卫灵公的荒淫无道，康子说："既然如此，卫国却为什么不败亡呢？"孔子说："他有仲叔圉办理外交，祝鮀管理祭祀，王孙贾统率军队，既如此，卫国又怎么会败亡呢？"

3. 子曰："视其所以，观其所由，察其所安，人焉廋哉？人焉廋哉？"

——《论语·为政篇》

今译： 孔子说："观察一个人的所作所为，观察他处事的动机，了解他内心寄托的是什么。那么，这个人如何能隐藏得住呢？这个人如何能隐藏得住呢？"

匡[1]之变

子畏于匡,颜渊后。子曰:"吾以女为死矣。"曰:
"子在,回何敢死?"

——《论语·先进篇》

今译: 孔子在匡地被围困时,颜渊最后才赶来。孔子说:"我还以为你死了呢。"颜渊说:"老师您还健在,我颜回怎么敢先死呢?"

子畏于匡。曰:"文王既没,文不在兹乎?天之将丧斯文也,后死者不得与于斯文也;天之未丧斯文也,匡人其如予何?"

——《论语·子罕篇》

今译: 孔子在匡地被围困时,说:"周文王死了以后,一切文化遗产不都在我这里了吗?如果上天真的要灭绝这种文化,那后人也不会掌握它了;如果上天不想灭绝这种文化,那匡人又能把我怎么样呢?"

---

[1] 春秋时卫国东北部一座小城,在今河南省长垣县西南。——译者注

"是的,就是那儿。现在回想起来,之前跟阳虎一起前来时,就是从那儿进去的。"

正在驾车的颜刻[1]用鞭子指着崩塌了的城墙一角,对孔子说道。

孔子一行正在离开卫国前往陈国的途中,此刻刚好来到了匡地的城门附近。匡,是卫国的一座靠近国境线的小城。

"听说当时阳虎在此着实胡作非为了一通啊!"

孔子透过车窗眺望着四周的景色,感慨颇深地说道。他说的那个阳虎,是鲁国大夫季氏的家臣,图谋不轨失败后,逃亡国外了。他曾带人攻破匡城,并对当地百姓大施暴行。

"是啊。他确实干了不少坏事儿。不仅大肆劫掠,还拘禁妇女儿童。想必直到今天,匡人还对他恨之入骨呢。"

"你也是受匡人怨恨的人之一吧?"

"是啊!说来真是惭愧。不过,我当时也是迫不得已,要是不跟着他来,恐怕就没命了。"

"那么你跟着他一起,也干了不少坏事儿了?"

"没有,没有!我可没干坏事儿。这一点您一定要相信我。

---

[1] 颜刻,即颜高,字子骄。又名颜产。春秋末期鲁国人。孔子的学生,名列"孔门七十二贤"。——译者注

其实，我就是从阳虎那儿逃出来的。想必您也是知道这个的。"

就这么闲聊着，他们很快就进了城门，到达了预定的住处。

一时无事。然而，当他们吃过了晚饭，正要安歇的时候，门外突然喧闹了起来。两三名弟子觉得奇怪，跑出去一看，只见院墙四周，已被全副武装的士兵围得水泄不通了。

"这是怎么了？"

一名弟子战战兢兢地问站在门口的士兵道。

那士兵狠狠地瞪了他一眼，没理他。随后，那士兵就跟另一名士兵低声耳语了几句，另一名士兵点了两三下头，立刻就跑开了。

弟子们虽说有些害怕，可还是打探了一会儿四下里的动静。很快，刚才那个听了耳语的士兵，就领着一个队长模样、满脸胡须的大汉回来了。

"都给我好好守着。除非另有命令，这户人家里的人，一个都不许放出去。听见了吗？"

说完，他还绷着脸环视了附近的士兵一周。顺带着，也逐一打量了一番孔子的弟子。

孔子的弟子依旧一头雾水。不过他们也朦朦胧胧地觉得，这事儿是跟自己有关的。于是就急急忙忙地跑回去，向孔子报告了外面的情况。

"没事儿。跟我们没关系的，兴许是什么地方搞错了。总之，大家安安静静地休息吧。真要有什么事儿，他们会进来说的。"

说罢，孔子就退回自己的房间去了。

然而，孔子的门人弟子们依旧坐立不安，尤其是颜刻，更是带着一脸的惶恐，频频朝窗外张望。

"好吧。我去查明真相！"

子路耐不住性子,将宝剑摇得铿锵作响,独自朝门外冲了出去。

没过多久,子路就回来了,神情还显得极为兴奋。

"简直荒唐可笑!那些家伙,将老师错认为阳虎了!"

"什么?阳虎?!"

刹那间,门人弟子全都惊得目瞪口呆。

"是啊。说是今天看到阳虎坐在车里了。"

"真是出人意料啊!"

"不过,这也不能全怪他们。老师那长相,即便是我们,有时也会觉得跟阳虎一模一样的。"

"即便如此,他们依然很过分。只要看看随从的模样,就基本上能分清了。"

"不提随从倒也罢了,要说起这随从,可就更搞不清了。"

"怎么着,我们难道也有什么责任吗?"

"不,不关别人的事儿。问题在于颜刻。给老师驾车的,不正是他吗?"

"哦,是啊。人家一看到他,就觉得这家伙又陪着阳虎来了。再加上老师的相貌和阳虎很像,也难怪人家要认错了。"

颜刻魂不守舍地听着大伙儿的议论,只有发呆的份儿了。

"可是,跟他们讲明我们是孔子一行,不就能立刻消除疑惑了吗?"

"哪有这么简单啊!这儿的老百姓已经对阳虎恨之入骨了,那些士兵要是贸贸然地把我们放走了,也会吃不了兜着走的。"

"那么让老师露一下面怎么样?人家总不会当面说他是阳虎吧?"

"这可保不准。因为是这儿最熟悉阳虎的一个叫作简子的人，说老师是阳虎的。"

"那我们该怎么办呢？就这么磨磨蹭蹭的，说不定他们就要杀进来了。"

"这倒不大可能。因为他们也知道不能对真的孔子无礼，所以才慎重行事的。"

"不管怎么说，这个城里，总有个把认识老师的人吧？"

"要是有这样的人，就好了。叫人头疼的是，能认出阳虎和颜刻的人不少，可认识老师的人，连一个都没有啊！"

"那么我们到底该怎么办呢？"

"他们像是要将我们围困在这里，直到搞清楚我们是孔子一行为止。"

"那要我们等到猴年马月啊！"

"说是至少也要调查个三四天吧。听说他们已经派人去各地打听了。"

"真是荒唐透顶，哪能等那么久呢？"

"有什么办法呢？这也是天命吧。不过，我也跟他们说了，要是拖得太久，我们也只好横下一条心了。"

"对。说得好！"

"嗯。不知道老师安歇了没有？"

"估计还没吧……"

"那我就先去跟老师禀报一下。"

说着，子路就朝孔子的房间走去。

子路离开后，孔子的门人弟子便突然沉寂下来，只是面面相觑。此时，院墙外不时传来士兵的叫喊声和刀剑的碰撞声。每当听到这种声音，颜刻都会睁大眼睛，或者东张西望，或者扫视着大伙儿的脸。

子路再次出现了。

"老师说我们还是静静地等待比较好,不要主动去与士兵发生冲突。老师现在担心的,是颜回。"

因为颜回一路上落在后面,要在当天夜里才能到匡这个地方。

"哦,是啊。我们把颜回给忘了。他差不多也该到了。要是他什么都不知道,冒冒失失地到处去打听我们的住处,说不定会惹上麻烦的。"

"他是个十分谨慎的人,应该不会这么冒失的……"

"即便如此,他应该做梦也想不到会发生这种事儿的。"

"难道我们就这样袖手旁观吗?"

"可是又有什么办法呢?"

"要是有人悄悄地摸到城门口……"

"这怎么可能呢?这儿已被围得铁桶一般了。"

"干脆我们去找他们的头儿说明情况吧。这也不失为一个好办法。"

"怎么说呢?这么做恐怕会适得其反吧?"

弟子们七嘴八舌的,眼看着就要乱成一锅粥了。

这时,从刚才起就抱着胳膊一言不发的闵子骞终于开口了:

"颜回比我们聪明得多。我想老师也一定不希望我们为了颜回去搞一些小动作的。"

冉伯牛和仲弓这二人,也一直保持着沉默,等闵子骞说完后,他们俩便重重地点了点头,表示完全赞同。

这时,子路也说道:

"其实,老师的意见也正是这样的。他老人家说了,虽然有些担心,但也不希望我们做什么,让颜回自己想办法反倒更安全些。"

大家也知道老师是十分信任颜回的，他们中有人还想起了老师以前说过的话：

"（**原注1**）我跟颜回谈论学问，他能一整天都只听我说，就像一个愚笨的人。其实，他是一个能自我完善的人。无论身处怎样的境地，总能找到自己应该走的道路，从不犯错。所以，他绝不是一个愚笨的人。"

于是，就没人敢违反孔子的意愿，去为颜回想什么办法了。

"就是说，今夜我们什么都做不成了，就只有睡觉了？"

"可是，总觉得心里不踏实啊！"

"我是即便躺下了，也睡不着的。"

大家没有马上去睡觉，又在惶恐不安的气氛中聊了一会儿。可是，也不能老不睡觉，最后，一个个都一边留心着门外的动静，一边在自己的床铺上躺了下来。

这一夜，无人入眠。外面，士兵的脚步声响了一夜。而颜回直到最终都没有出现。

然而，第二天，第三天，围困依旧没有解除。孔子的门人弟子内心的焦躁不安，也每时每刻都在增加。孔子与他的五六名高足，虽说表面上仍然镇定自如，但由于颜回音信全无，他们也是一筹莫展，毫无头绪。就连孔子，也会时而吐露出微微叹息似的声音，而弟子们听到后，也就越发地坐立不安了。

子路是个急脾气，多少有些耐不住性子了。孔子时刻关注着他的一举一动，并想方设法地让他安静下来。为此，孔子还不时弹琴、唱歌，并要子路与自己合唱。

到了第四天的凌晨，正当门人弟子围着孔子和子路唱歌的时候，颜回的身影突然出现在门口。见此情形，饶是孔子，也等不及一曲终了，便跳起身来，朝颜回跑去。

"啊，你总算平安归来了。我还以为你死了呢！"

颜回闻听，噙着满眼的泪水回答道：

"老师您还健在，我怎么能先死呢？"

这时，大伙儿已经全体起立了，听了他们俩的对话，不禁哑口无言，呆若木鸡。

"快坐下吧！"

孔子拉着颜回的手，让他在自己身边坐了下来。随后，便问了最近几天的经历，以及是如何突破包围，来到屋里的。对此，颜回一一进行了回答：

"那天晚上一进城门，我很快就大致了解了情况。于是就若无其事地另外找了一个住处。并且，在这几天里，我逢人就说老师你们一行从卫国前往陈国，会在最近几天途经这里。不久我就听到了从你们这儿传出的弦歌之声。当时，我真是感慨万千啊！与此同时，老百姓中也开始有人说，您不是阳虎，阳虎哪有这么高的音乐素养呢？我听了也略感放心，就横下心来，去跟那队长讲明情况，要求他放我进来，不料他立刻就同意了。不过他也威胁我说，一旦进来了，就再也出不去了……"

听完后，门人弟子面面相觑，脸上的表情也说不上是喜是忧。

孔子倒是露出了久违的灿烂笑容，说道：

"这下子我们一行人算是凑齐了。今后怎样暂且不管，只要一想到大家团聚在一起，也就没什么好担心的了。今夜可以放心睡觉了。"

说完，孔子便站起身来。可就在此时，从大门口传来了吵架声。

"就是阳虎！不管你怎么说，他就是阳虎！"

"万一他们是孔子一行呢？"

"哪有什么万一？抢了我家的财物，糟蹋了我女儿的，不就是这个阳虎吗？"

"或许是吧。不过，也就还有一天了。你既然已经等了这么多天了，就不能再等一天吗？"

"到了明天，肯定会将他交给我们吗？"

"那也要听队长的命令的。"

"你看看，你说话吞吞吐吐的，想要糊弄我们，没门儿！"

"谁糊弄你们了？现在还在调查呢。到了明天，就水落石出了。"

"还调查个什么啊！你们都被他们的音乐迷惑住了，连队长都说他们肯定是孔子一行了，还调查什么劲儿呢？"

"我们也不是仅凭音乐来判断的。现在坊间也有传闻，说是孔子一行会经过这儿，这可是千真万确的。"

"什么千真万确？那不就是前两天来了个鬼鬼祟祟的家伙，在四处传扬的吗？"

"也不仅仅是这样！"

"那你还有什么证据呢？"

"证据在队长那儿呢。"

"哼！谁知道是怎么回事儿呢？你要是自己不知道，就滚一边去。我们可要动手了。喂，大伙儿一起上啊……"

"不许胡闹！"

"你竟敢打我？"

"我在执行命令！"

"什么命令？！"

外面好像是爆发了小规模冲突。紧接着便传来了人们的呼喊声，士兵们制止骚乱的吆喝声，噼里啪啦的脚步声，兵器的撞击声，物体的投掷声。各种声音混在一起，一片混乱。

弟子们将孔子围在中央，直挺挺地站着。一个个都脸色刷白，其中还有人在瑟瑟发抖。

孔子闭上眼睛沉吟半响，随后睁开眼睛扫视了一遍弟子的脸。

"不用害怕。大家坐下吧！"

说着，他自己便率先坐了下来。弟子也随之坐下了，可他们中的大部分人都挺着上半身，像是准备随时站起来似的。

这时，孔子神态庄严地，用平缓的语调说道：

"自从文王去世后，继承古代圣人之道的，就是我了。我相信，我能继承古代圣人之道，这本身就体现着要将此道代代相传的天意。倘若天意要毁灭此道，又何必让我这样的人掌握诗书礼乐呢？所以，上天一定会保护我的。不，是会保护我所肩负的重大使命。既然上天要保护恪守、传授圣人之道的我，那么匡地之人又能拿我怎样呢？所以大家尽管放心好了。"

听到这儿，那些一直挺着身子的弟子，终于踏踏实实地坐了下来。

"更何况——"

孔子继续说道：

"（原注2）探究一下人的内心深处，就会发现，人人都是追求道义、仰慕仁德的。因此，所谓'仁德'，绝不是孤单的。不论多么落寞孤寂，只要坚守'仁德'，就一定会有人受其感召，与之并肩的。匡人，也同样是人。事实上他们憎恨阳虎，却并不憎恨我孔子，不是吗？所以你们不用担心。只要相信上天，相信自己，坚持走正道，局面自然会打开的。"

门外的骚乱一时难以平息，依然是一片纷乱嘈杂，可屋内却鸦雀无声，仿佛并无一人似的。

孔子说完后，再次环视了一周，随后，便自顾频频点头。最后，他将视线投向了坐在角落里缩作一团的颜刻，脸上突然露出了笑容。

"哦，颜刻也安然无恙，真是令人欣慰啊！"

颜刻将身子缩得更紧了。

"好吧。子路——"

孔子笑吟吟地扭头望着子路说道：

"我们再来唱文王之乐吧。"

子路一直紧握着宝剑，手心里都快攥出汗来了。听了孔子这话，他便将带着鞘的宝剑杵在自己的面前，用右手敲击着打起了拍子。

于是，从他们俩的喉咙中便发出了朗朗歌声。其他的门人弟子侧耳聆听了一会儿后，也纷纷加入其中，有人歌唱，有人敲击起剑鞘来。

星空下，门外的喧嚣和门内的歌声你来我往争斗了好一会儿，渐渐地，喧嚣便被歌声压制下去。约莫一小时后，骚乱平息了，仿佛匡地的百姓听了摇篮曲般纷纷进入了梦乡似的。

第二天，队长领着五六位匡地的官员，恭恭敬敬地前来求见孔子。

颜刻比谁都高兴，仿佛死后重生了一般。但是，到了出发的那天，他却怎么也不肯再为孔子驾车了。

原注：

1. 子曰："吾与回言，终日不违，如愚。退而省其私，亦足以发。回也不愚。"

——《论语·为政篇》

今译： 孔子说："我和颜回整日谈学问，他都没有不同意见，像是一个愚笨的人。等他回去后独自研究，却也能大加发挥。颜回并不愚笨。"

2. 子曰："德不孤，必有邻。"

——《论语·里仁篇》

今译： 孔子说："有道者不会孤单，一定会有志同道合的人同他做伴。"

司马牛[1] 的烦恼

司马牛忧曰:"人皆有兄弟,我独亡!"子夏曰:"商闻之矣:死生有命,富贵在天。君子敬而无失,与人恭而有礼,四海之内,皆兄弟也。君子何患乎无兄弟也?"

——《论语·颜渊篇》

今译: 司马牛忧愁地说:"别人都有兄弟,唯独我没有。"子夏说:"我听说过:死生由命运决定,富贵在于老天的安排。君子只管严肃认真,没有过失,对他人谦恭有礼,四海以内的人都是他的兄弟。君子何必担忧没有兄弟呢?"

司马牛问君子。子曰:"君子不忧不惧。"曰:"不忧不惧,斯谓之君子已乎?"子曰:"内省不疚,夫何忧何惧?"

——《论语·颜渊篇》

今译: 司马牛问怎样才是君子。孔子说:"君子不忧愁不恐惧。"司马牛说:"不忧愁不恐惧,这样就是君子了吗?"孔子说:"问心无愧,那还有什么可以忧愁恐惧的呢?"

---

[1] 司马牛(?—公元前481年),子姓,向氏,名耕,字子牛。春秋末期宋国人。孔子的学生,为名列"孔门七十二贤"。人"多言而躁"。——译者注

司马牛一个人稍稍落在孔子他们一行人的后面，步履沉重地走着。并且，每走一步，他就觉得心中的郁闷就又增添了几分。看到大家一边走一边亲切交谈的情景，他羡慕得不行，自己也非常想加入其中，与他们并肩同行。可是，一想到就是因为自己哥哥桓魋[1]的凶恶行径，大家才在进入宋国后几乎未做停留，匆匆离去，就不由得心生怯意，渐渐地就落到了后面。

"我怎么会有那么穷凶极恶的哥哥呢？"

他心里翻来覆去的，老想着这事儿，不停地长吁短叹。而一回想起面临危难时老师那大义凛然的话语，他又不禁肃然起敬。

"（**原注1**）是上天将德授予了我，即使我身遭不测，那也是上天的意志。仅凭桓魋之流的权势，又能奈我何呢？"

这是多么充满自信的话语啊！或许是出于"尽人事以俟天命"的理念吧！孔子换了衣服，连车舆都不坐就悄然离开了。考虑得多么周到啊！恐怕哥哥桓魋还以为孔子是慑于自己的威势偷偷溜走的呢。其实，孔子根本就没把他当人看待啊！

不被当人看待的哥哥！仅仅是想到这个，司马牛就直打哆

---

[1] 桓魋（tuí），即向魋。春秋末期宋国人。孔子学生司马牛的哥哥。当时为宋国的司马，握有兵马实权。由于他是宋桓公的后代，故又称桓魋。当时，桓魋怕孔子及其门人帮助宋景公培植势力，故欲杀死孔子。——译者注

喽。再说他的二哥子颀、三哥子车也都跟大哥桓魋是一路货色。为什么自己的兄长尽是些坏人呢？宋国如此动荡不安，完全是他们三人仗着武力图谋不轨的结果。

话又说回来，孔子对自己又是怎么想的呢？虽说自己只是一味地跟随他老人家追求学问，可从发生点儿什么事儿大伙儿就一齐将视线集中到自己身上来看，是不是自己也遭到怀疑了呢？"血肉亲，打断骨头连着筋"——不论怎么看，大伙儿的眼神里似乎都带着这么一层含义。

本以为只有老师是理解自己的，可不知怎么的，现在他与我眼神相对时，也会马上转移视线了。啊！真受不了。越想越受不了。要不，干脆就这样逃到深山老林里去？可这样的话，不是更遭人怀疑了吗？要是被人误以为自己终于回到哥哥那儿去了，还不如让他们踢自己几脚呢。

就在司马牛如此这般胡思乱想之际，他已经落后大伙儿一百多米了。可是，居然没一个人回头来看他一眼。或许是心理作用吧，他竟然觉得大家是有意这么做的。故而他也没了急起直追的劲头。

时近黄昏，山野里突然刮起了阵阵凉风。也难怪，已经入秋了。

脚下的道路渐渐变成了一条缓缓的上坡道，孔子他们一行人正在翻越山口。司马牛眼看着大伙儿的身影一个个消失在山岗的那一边了。等到最后一人的身影也消失后，他突然觉得眼角一热，眼泪便不由自主地顺着脸颊滚落了下来。他甚至还想放声大哭一场。

"喂——！你怎么了？"

这是子夏的声音。子夏重新返回山口，呼唤着司马牛。

司马牛慌忙擦掉眼泪,装出若无其事的模样,加快了脚步。

"你脚疼吗?"

"还好。不要紧的。"

"你看我们,只顾自己说话了,竟然没发现你落在后面。还是老师提醒了,大家这才注意到的。"

子夏的口吻十分自然,眼见得他心中毫无芥蒂。这让司马牛由衷地感到高兴。当然,是老师率先发现自己掉队这事儿,也令他欣喜不已。因此,他的脸上露出了微笑。可这微笑之中,依旧带着那么一点儿孤寂。

"怎么了?你好像有些萎靡不振。"

子夏与他肩并肩地走着。当他们俩走上了山口时,发现大伙儿正站在前面等着。于是他们便立刻加快了脚步。

"或许我是显得有些无精打采吧。其实,我也确实觉得很难受。"

过了一会儿,司马牛才这么回复子夏。此刻他的内心又觉得沉甸甸的了。

"我很理解你此刻的心情。不过你是毫无罪过的。其实,大伙儿反倒很同情你。"

"……"

司马牛一时无语。他大大地喘了两口粗气后说道:

"我已经没有兄弟了。大家都有兄弟,可唯独我没有啊!"

这回,轮到子夏叹气了。不过他很快就笑着说道:

"别那么伤感。老师不是常说'死生有命,富贵在天'吗?有没有兄弟,这也是天命。只要相互之间都心存友爱,互相体贴、照应,则四海之内,无论走到哪里,都会有兄弟的。不仅仅是有血缘关系的才叫兄弟啊!事实上,这些与你一起赶路的人,不都把你当作亲兄弟吗？"

"大伙儿真的把我当作兄弟吗？"

"事到如今，你怎么还说这种话呢？你真是太过自惭形秽了。拿出自信来吧！"

司马牛的脚步居然立刻就轻松了许多。

"快！赶上去，跟大伙儿一块儿走。"

子夏催促着司马牛，迈开了大步。

两人在走完一段下坡道，来到桥边时，终于赶上了大伙儿。随后，大伙儿便在那儿休息了一会儿。子游跟子夏眺望四周的景色，吟起了诗来。宰我和子贡一如既往地站在那儿辩论着。子路和冉有在商量着安排今晚的住宿。颜回、闵子骞、冉伯牛和仲弓四人，则并排坐着，各自陷入了沉思。

孔子一人坐在稍远处，一动不动地凝望着水面。

司马牛打量了一会儿四周的动静，随后便拿定了主意，朝孔子走去。

孔子发觉后，脸上便平静地露出了微笑。

"老师，我让您担心了，非常抱歉。"

"你的身体没什么不适吧？"

"没有。我只是，在想一些事情……"

"哦，什么事情？"

孔子的脸上稍稍出现了一点儿阴云。司马牛原本是想把自己的烦恼和盘托出的，可见了孔子的反应，就觉得老师已经看透了自己的心思，并有些责怪自己了，便问了一个临时想到的问题。是有关他们之间经常提及的"君子"的含义的问题。

"怎样才能成为一个君子呢？"

孔子听了他的提问后，稍稍地闭了一会儿眼睛，然后徐徐说道：

"君子什么都不忧虑，什么都不惧怕。"

对于老师的这个说明，司马牛觉得有些太过简单了。可是，他又觉得这里面像是隐含着什么深意。于是他又问道：

"难道说，仅仅是不忧不惧，就称得上君子了吗？"

"不忧不惧可不是谁都能做到的。只有善于自我反省、无愧于心的人才能做到。"

司马牛总算理解了孔子的意思。不过，他还没能结合自己的问题来加以考虑。于是，孔子像是有些着急地说道：

"在意别人的看法，就说明自己的心中尚有不够光明正大的地方啊！"

司马牛吃了一惊。他心想："怎么？这不是在说我吗？"——想必是"自己的心中尚有不够光明正大的地方"这话触动了他的神经。

他的这种心理活动，也没有逃过孔子的眼睛。于是像是要拦住司马牛的辩解似的，孔子又说道：

"你与你兄弟所做的坏事无关。这一点，你是根本不必扪心自问的，丝毫也不用怀疑的。可是，你却老是自怨自艾，深陷其中而不可自拔。就跟乞丐乞食似的寻求着别人的评判。这难道不是你过于爱惜自身的表现吗？可事实上，还有许多更为重要的事情在等着我们去做呢。"

孔子这番话就像一阵劲风，一下子就将司马牛心中所有的烦恼吹得一干二净了。可与此同时，他又必须为面临更大的烦恼而做好准备。因为他发现，人生大道，就跟一块巨岩似的耸立在自己的面前了。

原注：

子曰："天生德于予，桓魋其如予何？"
　　　　　　　　　　——《论语·述而篇》

今译： 孔子说："上天将品德赋予我，桓魋又能把我怎样呢？"

孔子与叶公[1]

叶公语孔子曰:"吾党有直躬者,其父攘羊,而子证之。"孔子曰:"吾党之直者异于是。父为子隐,子为父隐,直在其中矣。"

——《论语·子路篇》

今译:叶公告诉孔子说:"我们那里有个正直的人,他父亲偷了羊,他就出来揭发。"孔子说:"我们那里正直的人和你们这里不同。父亲为儿子隐瞒,儿子为父亲隐瞒,正直也在其中。"

---

[1] 叶公,本名沈诸梁,芈姓,沈尹氏,名诸梁,字子高。春秋末期楚国军事家、政治家。曾平定白公之乱,担任过楚国宰相。因封地在叶邑(今河南叶县南旧城),故称叶公。成语"叶公好龙"的主角。——译者注

由于孔子带着门人弟子来到了自己的国家，叶公沈诸梁陷入了深深的忧虑之中。

　　他并未见过孔子，也并不想见孔子。虽然，叶也称一国，其实不过是楚国的一个区域罢了。更何况楚国只是个侯国，国君却僭称为"王"，他则效法楚王，自称为"公"。很明显，孔子对此肯定是不以为然的。故而一旦见面，难保孔子不会说出什么不中听的话。因此，一想到这儿，他就不免心里发怵。

　　首先，他就没想要在自己的国内认真实行什么"先王之道"。他认为，当今世道，那种迂腐的道德论只会给现实政治带来障碍。且觉得那种冠冕堂皇的理论，自己也懂，用不着去求教孔子。倘若与孔子会面，想必孔子一定会提出一些无法正面反驳的建议，而国人的耳朵是很灵的，自己要是贸贸然地附和孔子几句，国人便会误以为很快就能实现，结果落得一场空欢喜。而这种"空欢喜"，是于政治最为有害的。

　　这就跟孩子似的，没给他看到好吃的东西的时候，他还是挺乖的，可只要给他看了——哪怕只一次，而又不给他吃，那就再也管束不住了。国人也一样，仅仅是听说孔子来了，就已经议论纷纷，以为这个国家的政治立刻就会好转，一旦自己与他见了面，并接受了他的政治指导，那可真是前景堪忧了。这种打草惊蛇的事情，还是不做为妙啊！

然而，一位如此声誉卓著的名人来到了此地，自己倘若佯装不知，不予理睬，也多少有些过意不去。要是被国人怀疑自己没有诚意，也同样会吃不了兜着走。再说，邻国的反应也不得不考虑。万一邻国以为叶这么个小国，不懂得接待圣人之道，或弄出了什么孔子对自己已不存指望，故而不屑一顾的传闻，那才是真正的耻辱呢。说不定这还会成为今后遭受外侮的根源。

可话虽如此，事实上似乎也没哪个国家是高高兴兴地迎纳孔子的。就连他的祖国鲁国，虽说也曾一度重用过他，可现在已经完全将他晾在一边了。说不定所谓的"圣人"也只是浪得虚名，其本人未必是什么了不起的人物吧！要真是这样的话，反倒是跟他见上一面为好。如果见面后能揭下他的假面具，国人也就能安于现状了。

要说起来，有件事倒是挺叫人纳闷的。那就是，通常来说，初次来到一个国家，即便是圣人——不，应该说圣人更应如此吧，应该主动请求谒见该国的君主才合乎礼仪。可他倒好，居然只打发门人子路来露了一下面，也没谈什么正经事，就跟下了点儿鱼饵要钓国君这条大鱼似的。或许因为本国太小，有些不入他的法眼吧，可就一国之君的资格而论，却是跟国家大小无关的。更何况那个叫子路的家伙，看着就叫人来气。不仅态度傲慢，自己向他打听孔子是个什么样的人，他竟然不予回答。听说后来孔子曾对他说：

"（原注1）你可以这样回答他：孔子是个用起功来连吃饭都会忘记，且乐在其中，忘记了忧愁，浑然不知衰老就要到来的人啊！"

怎么看，也像个喜欢大言欺人的骗子。

可即便如此——他的思路又翻了个个儿。事实上，他竭力想要无视孔子的存在,可问题是,他越是朝这个方向努力,孔子这个他尚未见到的人的形象,就越是像一座沉重的大山一样朝他的胸口压来。他觉得自己的宫殿里突然耸立起了一座大山,并且还一天比一天高大。

他的大臣之中,也有人因他不接见孔子而心中窃喜。不过他们全都对此事闭口不言。

而一些正直的大臣,则为叶公的优柔寡断而担心。不仅如此,他们察觉到叶公因孔子过于伟大而畏缩不前之后,还不动声色地鼓励叶公。可对于叶公来说,臣下的这种鼓励简直就是一种侮辱,并在他心里激发起了奇妙的反感:

"等着瞧吧。我迟早会给孔子来个下马威的!"

可是,能给孔子来个下马威的高明的政治主张,在他脑袋里还连个影儿都没有呢。十天、十五天,就在这种焦躁不安的心态中过去了。

在此期间,那些正直的大臣,出于社会舆论的考虑,觉得即便叶公不去,自己也应该去见见孔子。于是他们便轮流造访了孔子的寓所,并向孔子虚心请教。一些年轻的官员及尚未得志的青年也纷纷效仿了起来。很快,孔子寓所前便出现了门庭若市的盛况。而孔子的声誉,也一天高于一天了。

这一切,都让叶公陷入了越来越不利的境地。终于,街头巷尾流传开了这样的谣言:

"叶公不敢与孔子见面,是因为他心中有鬼。"

那些正直的大臣,认为对此不可放任不管,于是便在对谣言予以严禁的同时,也横下心来,将此禀报给了叶公。叶公听了自然是极不愉快的。他想说:

"这不都是你们擅自拜访孔子造成的吗?你们才应该对此事

负责！"

但他还是强压怒火，让这些大臣讲了面见孔子后的感想。他是想从大臣们的讲述中挑出孔子的毛病来——哪怕只有一个，也是好的。

然而，他的如此尝试，却最终被证明是徒劳的。

"一帮蠢货！"

他在心中暗骂道。可是，骂归骂，这也还是不能成为拒绝与孔子见面的正当理由。

"既然你们觉得他是个如此了不起的人物，那我就跟他见上一面吧。不过，我可把话说在前面。要是我跟他发生了政见之争，并且是我赢了，今后你们中任何一个，都不准进出孔子的寓所了。"

虽说他并无一点儿自信，可还是在如此虚张声势之后，答应与孔子见面了。见面的时间就定在了第二天。

当天夜里，他思前想后，可谓费尽了心机。因为，从他以往的政治实践中，很难找出一个真正拿得出手的政绩来。让他觉得有点儿自信的事情只有一件。那就是通过严刑峻法的霹雳手段，让法律在其领地内得到了很好的贯彻。不过他也很清楚，对这种严刑峻法，国人是相当反感的，故而也不能大事宣扬。他心想，能否不触及严刑峻法，将其说成国人具备了积极向上的守法精神呢？

忽然，他想起了数月前接到的禀报中，有一个非常感人的事例。

"对了。那就是一个十分典型的事例啊！任谁听了，都会认为是国人守法精神高涨的具体表现。毕竟已到了为遵守国法而大义灭亲的地步了。"

天一亮，他就将负责该案的官员叫来，命他将详细记录该案的卷宗调来。关于此案，卷宗上的记述如下：

"某人佯装不知，将误入自己家中的邻居家的羊占为己有。然而，并无任何证据能证明该羊是邻居家的。于是官府只能判前来讨还羊的邻居为无理取闹。可是，某人的儿子却特意上告官府，说是'我尊崇正直，不愿意违背国法'，并详细说明了那只羊误入自己家中时的情形。故而官府依据法律重新做出了判决，而在对冒领者予以重罚的同时，也对告发者颁发了赏金。"

叶公以前听到那个儿子所说的"我尊崇正直，不愿意违背国法"时，就留下了深刻的印象。于是他就在心里反复念叨着，等待着与孔子会面的时间来临。

一见到孔子，叶公就因孔子那衰老的外貌而感到意外。他看到，孔子那张已过了六十五六岁的脸，因风吹日晒而发黑了。身上的衣服也是皱巴巴的，一副寒酸相。可他待人接物的姿态却十分温和谦恭，与叶公的想象截然相反，甚至让叶公觉得自己之前那种如临大敌的紧张，简直是荒唐可笑。故而叶公一下子就放松了，轻快地问道：

"您既然大老远地来到我国，今天我就请教一下为政之道吧。"

从他那轻浮的口气上孔子立刻就知道他毫无诚意，故而在沉吟半晌之后，缓缓答道：

"（**原注2**）要让境内的居民，也就是住得近的人，由衷地感到高兴。"

叶公觉得像是被人刺了一针。随即他又想到，估计这老头无论走到哪个国家，都是这么说的吧，便又不免觉得好笑。

"我国的百姓全都安居乐业，尤其是都城附近的。"

叶公胡乱应答着。不料孔子紧接着又说道：

"这样,远处的人,就会仰慕你的德风,络绎不绝地迁居到附近来。"

叶公想起,近来的情形正好与之相反,迁居到远方的人正在日益增多,不由得心头一震。他心想,看来这老头知道的还真不少呢。

"说来惭愧,我的国家还没到这个地步,今后还得予以重视啊!"

他也只能如此坦白了。随后,他就想到必须尽快将话题拉进预设好的埋伏圈了,便说道:

"不过话又要说回来,这政事也不能一味地取悦于民众,我以为让民众走上正道更为重要。不知先生意下如何?"

"您说得没错。(**原注3**)所谓'政',是有着'端正'的含义的。可要是身居高位的人不能正确理解什么是'正道',也会导致不可收拾的结果……"

"我在引导民众走上正道这方面,还是颇有些自信的。"

叶公自信满满地说道。孔子愕然,看着他的脸说道:

"哦,那倒不错。要是能在真正意义上做到这点,那就堪比尧舜之治了。"

叶公听了,不由得眼珠子滴溜乱转。由于孔子一下子把他捧得太高,他觉得有些不太受用。孔子又说道:

"贵国的百姓是如何走上正道的呢?要是您能垂示一二,我将感到万分荣幸……"

来了!——叶公觉得正中下怀。可与此同时,他又不免有些担心:从昨晚到现在所能想到的实例只有一个,是否太少了呢?于是他决定要说得慢一点儿,详细一点儿。

在他叙述的过程中,孔子皱了几次眉。叶公每看到一次,就丧失一点儿自信。最后，他终于没勇气讲述如何给告发自己父亲的儿子颁发赏金了。

听完后，孔子问道：

"贵国所谓的正直之人，就是指这种人吗？"

叶公受不了这样的当面讥讽，血往上涌，有些失态，猛地从椅子上站了起来，大声喊叫道：

"他不愿意违犯国法！他爱父亲，可更尊崇正直！"

"请坐！请坐！"

孔子不无怜悯地望着他，说道：

"如果你认真考虑政治的话，就平心静气地听我说。可你现在一心只想怎么胜过我。这可要不得啊！正因为这样，你才会举出这种奇怪的实例来。你为了说明贵国百姓正直，才举了刚才那个例子。可这个例子中的两位百姓，一个是小偷，一个是告发者，仅此而已。"

叶公半张着嘴，颓然坐回到了椅子里。

"而且那个告发者，告发的还是自己的亲生父亲。或许在贵国，这样的人能被称作正直之人，可在我的祖国，正直之人却完全不是这样的。他们相信，父亲为儿子隐瞒坏事，儿子为父亲隐瞒坏事，这才是真正的正直。我想，即便是你，只要去除了想要胜过我的心思，也一定会作同样考虑的……"

叶公脸色煞白，眼皮神经质地跳动着。

"所谓人间正道，在于保护且培育相互之间的爱。法律并不因为它是法律就一定是正确的，只有当它能使人际关系充满爱的时候，才是正确的。这一点，是绝对不能忘记的。尤其是父子之爱，那是人际关系中最高级别的爱，是产生人世间所有好事的根本。因此，在一个会以法律之名来公然践踏它的国度里，是绝不会推行什么正道的。"

孔子的话，一句比一句严厉。叶公尽管为孔子的威势所慑服，但仍不愿虚心接受其教诲。他那张苍白的脸上，对抗的神情时隐时现——尽管显得那么的软弱无力。那是因为，他并不想放弃推行至今的严刑峻法。他担心，要是贸贸然地听从了孔子的教诲而放弃了严刑峻法，马上就会陷入征收不到租税的困境。

早就看透了叶公的孔子，觉得再跟他多说些什么也是白搭，故而很快就结束了这次会见。如同他刚才悄然进入一样，孔子悄然走出了屋子。自不待言，就在他悄然离开屋子的同时，他也拿定主意：尽早离开叶这个国家，再次踏上漂泊的旅途。

原注：

1. 叶公问孔子于子路，子路不对。子曰："女奚不曰：其为人也，发愤忘食，乐以忘忧，不知老之将至云尔。"

——《论语·述而篇》

今译：叶公向子路询问孔子是个怎样的人，子路不回答。孔子对子路说："你为什么不这样说：他这个人，发愤用功便会忘记吃饭，乐在其中便会忘记忧愁，浑然不知衰老就要到来，如此等等。"

2. 叶公问政。子曰："近者说，远者来。"

——《论语·子路篇》

今译： 叶公请教如何治理国家，孔子说："让境内的人欢悦，境外的人来依归。"

3. 季康子问政于孔子。孔子对曰："政者，正也。子帅以正，孰敢不正？"

——《论语·颜渊篇》

今译： 季康子向孔子请教如何治理国家，孔子答道："'政'字有'端正'之意。您先端正自己，谁敢不端正呢？"

问津

  长沮、桀溺耦而耕,孔子过之,使子路问津焉。长沮曰:"夫执舆者为谁?"子路曰:"为孔丘。"曰:"是鲁孔丘与?"曰:"是也。"曰:"是知津矣。"问于桀溺。桀溺曰:"子为谁?"曰:"为仲由。"曰:"是鲁孔丘之徒与?"对曰:"然。"曰:"滔滔者天下皆是也,而谁以易之?且而与其从辟人之士也,岂若从辟世之士哉?"耰[1]而不辍。子路行以告。夫子怃然曰:"鸟兽不可与同群,吾非斯人之徒与而谁与?天下有道,丘不与易也。"

——《论语·微子篇》

  今译:长沮、桀溺两人在一起耕田,孔子一行打那儿路过,叫子路去打听渡口。长沮问子路:"那位驾车的是谁?"子路说:"是孔丘。"他又问:"是鲁国的孔丘吗?"子路说:"是的。"长沮说:"那他应该是知道渡口的。"子路又去问桀溺。桀溺说:"您是谁?"子路说:"我是仲由。"他又问:"您是鲁国孔丘的学生吗?"子路答道:"正是。"桀溺说:"天下到处都是动乱不安的样子,谁能来改变现状呢?况且,您与其跟随能避开坏人的人,还不如跟随避开乱世的人呢!"说完,继续干农活。子路回

---

[1] 耰(yōu),播种后用土盖种子。——译者注

来转告孔子。孔子失意地说:"鸟兽不可以和它们同群,我不和世人相处,又和谁相处呢?如果天下太平,我就不会和其他人一道来改变现状了。"

春寒料峭。西斜的太阳不时被云层遮蔽，使得原野上晦明不定。

对叶公彻底失望之后，孔子一行便从楚国折回蔡国。一路上，孔子的内心颇为悲凉。他的身体随着车的颠簸而摇晃着，双目紧闭，一直在思考着。手执缰绳的子路，将近一小时没开口说话了。其他的门人弟子像是也都疲惫不堪了，他们落后了三四百米，在尘土中拖着沉重的脚步。

"休息一下，怎么样？"

孔子像是突然想起什么似的，从车内探出头来，回望着那一行人的模样，对子路说道。

"哦——"

子路不置可否地应了一声。车却依旧吱吱呀呀地往前走着。

"大家已经都很累了。"

孔子又以轻微责备的口吻对子路说道。

"快到渡口了。"

子路满脸的不耐烦，没好气地说道。孔子也没再说什么。

就这样过了半个时辰，子路却突然主动将车停了下来。孔子还以为渡口到了呢，再次探出头来，却发现不是这么回事儿。原来是前面的道路出现了分岔，子路握着缰绳双手抱胸，正直愣愣地望着前方。

"怎么了？要休息了吗？"

孔子将半个身子探出车外，问道。

"我正在考虑，哪条路才是去渡口的。"

孔子的脸上不禁露出了微笑。他默默地看着子路那壮硕的背影，可子路却像个木头人似的，一动也不动。

"你思考了就会明白要走哪条路吗？"

孔子突然以不无嘲讽的口吻说道。近来，孔子常会用带有嘲讽意味的口吻说话——不过也仅仅是针对子路而已。

然而，子路的脸上却一如既往地毫无反应。他依旧两眼凝望着前方，反抗似的答道：

"会明白的。我觉得会明白的。"

孔子收起了脸上的微笑。他知道子路有个毛病，那就是，当他心里犹豫不决时，总会对自己十分冷淡。

孔子心想：

"子路所思考的，可不仅仅是通往渡口的道路啊！"

而子路的内心到底因为什么而迷惑，孔子也能猜出个十之八九。

"也难怪。在所有的门人弟子中，子路是最不适宜寂寞难耐的长途旅行的。"

不过孔子也并未将这一层意思说出来。他用怜悯的目光默默地注视了一会儿子路的侧脸后，便转移了视线，环视起道路周边来。左手边有个墓地似的小山丘。山丘前有两个农夫正在卖力地锄地。相距道路也就不到一百米吧。

孔子立刻笑呵呵地对子路说道：

"子路，与其独自思考，还不如去打听一下来得快呢。你看，那儿不就有人吗？"

"哦——"

子路这才回头朝孔子看去。他一脸茫然,像是没听清楚孔子说了些什么。

"你快去打听一下去渡口的道路。把缰绳交给我。"

"啊!抱歉!抱歉!"

子路狼狈不堪地频频点头致歉。将缰绳交给了孔子后,他便心急火燎地朝那两个农夫跑去。从他背后看去,那模样显得十分可笑。不过孔子并没有笑。他凝望着子路一路前去的背影,感到自己的内心被什么东西深深地触动了。

"喂——!"

在与农夫尚距十多米时,子路便站定了身躯,高声呼唤起农夫来。

可那两个农夫却连头都没抬一下。没办法,子路只得走近四五米后,再次招呼他们。可他们依旧看都不看他一下。

在车中看到如此光景后,孔子就知道那两个人不是普通的农夫了。同时,也不禁为子路的鲁莽而担心了起来。他心想:

"倘若他们就是那两个隐士的话,恐怕子路是应付不来的。"

可与此同时,想象了一下他们与子路之间将会发生的对话,他又觉得十分有趣。总之他依旧远远地眺望着子路的模样,对于子路将会带着怎样的表情回来,他既有点儿担心,又不无期待。

再说子路,他见这两个农夫对自己视而不见,充耳不闻,心中十分恼火。可无奈之下,他还是走到了他们的身边,吼叫似的问道:

"喂!我这么喊你们,你们没听见吗?"

一个瘦高个儿的农夫仰起脸来,瞪了子路一眼,嘲讽似的怪笑了两声,又埋头锄地了。子路见他留着十来厘米长的胡子,约莫五十岁，脸上还透着一股高贵之气。这人，其实就是名叫长沮的隐士。

到了此刻，子路才知道自己把事情给搞砸了。他略显尴尬地赶忙改用恭敬的口吻说道：

"冒犯！冒犯！其实，我们要去渡口，不知道该走哪条道……"

长沮抬起头来看着子路。这会儿他脸上没有嘲讽意味了。不过他也没有答复，而是朝大道上看了一下，随即便又有些不耐烦地看着子路。

"我们想去渡口，可是……"

子路躬着身再次询问道。

"那是谁呀？坐在车上，手里拿着缰绳的那位。"

子路见他非但不回答自己的问题，反倒装模作样地问起自己来了，便不由得有些恼火。可他还是尽可能恭敬地答道：

"他是孔子。"

"孔子？是鲁国的那个孔子吗？"

"正是。"

"既然是他，那么渡口的位置，他应该知道呀。他不是一年到头都在外面游荡吗？"

说完，长沮又立刻弯下腰锄地了。并且，不管子路再说什么，他都像个哑巴似的不再说话了。

子路目瞪口呆，呆若木鸡。

在他们交谈期间，另一个身材矮胖的农夫——其实是名叫桀溺的隐士，正在往翻过的土地里播撒种子，一副根本不知道自己身边发生了什么事儿的模样。子路觉得，比起瘦高个儿的长沮来，这个矮胖的家伙似乎要好说话一些。于是就走到他身边，又问了一遍渡口在哪儿。

"什么?你问渡口?"

桀溺头也不抬地说道。

"是啊。我们要去渡口,该走右边那条道呢,还是该走左边那条路?"

"右边也好,左边也好,你们喜欢走哪条就走哪条好了。"

"走哪条都一样吗?"

"不一样。"

说着,桀溺突然仰起了脸来。只见他长着一张红脸盘,眼睛小小的,胡须短短的,论年纪,像是要比长沮小那么三四岁。

"不一样的。"

他又说了一遍,还呵呵一乐。那对小眼睛几乎被埋在肉里了,看着就跟两道皱纹似的。

子路被弄得一头雾水,既不能发火,也不能发笑。这时,桀溺收起了笑容,目不转睛地看着子路问道:

"你到底是谁呀?"

"我是仲由。"

子路如实告知了自己的姓名。

"仲由?是跟鲁国的孔子一伙儿的吧?"

"是的。我是他的弟子之一。"

"嚯嚯嚯嚯——"

桀溺突然笑了起来。他笑得十分怪异,就跟炮豚裂开后喷出热气似的。

由于子路是在回答了自己是孔子的门人之后遭到嘲笑的,不免火冒三丈。可对方似乎根本就没将子路的反应当回事儿。桀溺扭过脸去说道:

"既然是跟孔子一伙儿的,也就难怪你不知道渡口在哪儿了。可怜啊。"

子路终于忍无可忍,高高地撸起了袖子。

"喂,我说仲由,这可不行啊!你把袖子撸得再高也无济于事。好吧,我就问问你对如今这世道是怎么看的吧。"

子路垂下了刚刚撸起袖子的胳膊,眨巴起眼睛来。

"如今这世道,简直满地都是泥沼,不是吗?仲由。"

"是啊。确实如此。所以……"

"你想说,所以要寻找渡口,是吧?这个我清楚啊。可是,对哪个渡口都不满意的,不正是你的老师吗?"

见对方话里话外对孔子语带讥讽,子路便又在两条胳膊上使上了劲儿。可他心里似乎又对这话产生了共鸣。他心想:这家伙说话真是一针见血啊!自己居然从对方口中听到了自己暗地里对孔子所怀有的不满。于是他便兴致勃勃地紧盯着对方的脸。

"既要乘船渡过沼泽,又怕溅到泥水,你老师也想得太美了吧!如今这世道,无论你转悠到哪儿,都找不到令人满意的渡船的。明白吗?仲由。既然知道如今这世道,泥水已如洪水一般泛滥成灾了,尽可能地躲到洪水侵袭不到的山上去才是最重要的,是不是?一边嚷嚷着'洪水来了!洪水来了!',一边却自己跑到泥水旁去瞎转悠,这不荒唐可笑吗?别的先不说,那不是丑态百出吗?"

子路听了,脸色一下子变得很难看。对于那人的话,他既感到佩服,又感到愤慨。

"哎呀,你的脸怎么了?到底是孔子的同伙儿,看来你也是个不开窍的人啊!既然对如此世道依旧恋恋不舍,就很难讲得通了,不过到底也有五十步与一百步的差别的。尽管觉得这个国君不行，那个诸侯也不行，可就是不肯往前跨一大步，将整个世道都抛诸脑后。真做到隔岸观火，袖手旁观，可就逍遥自在了哦。啊哈哈哈……"

"可是……"

子路带着十分严肃的表情想要说些什么，可就在这时，桀溺已经转过身后，将一个圆滚滚的大屁股对着他，又开始勤勤恳恳地播种了。之后，无论子路说什么，他都不吭声了。

不知为何，子路已经不生气了。其实，在此之前，他也遇到过几次隐士，只是没像今天这样遭受愚弄罢了。今天的隐士，不仅没指点渡口在哪里，还将孔子和自己说得一文不值，要是放在平常，子路是绝不肯就这么善罢甘休的。可是今天的他，却显得出奇的冷静。

对于隐士们那种玩世不恭、游戏人间的生活态度，子路并无好感。可是，看到他们那种自由自在、与世无争、无欲无求的模样，倒也深受感动。他甚至觉得在他们身上有某种孔子所不具备的高妙的东西。他默默地回身离去了。

他边走边望着孔子所乘坐的车。一想到孔子孤零零地悄然坐在车内的模样，就觉得眼角发热。他甚至产生了一种要好好诘问孔子的强烈冲动。于是他便一溜烟地朝车跑了过去。

此刻，原先落在后面的门人弟子已经围在车周围，正一个劲儿地跟孔子说着什么。看到子路跑来，他们便停下了话头，一齐将脸转向了他。然而，子路却根本不看他们，他粗暴地将他们扒拉开，一下子就将双手搭在了车窗的窗框上。

孔子微笑着问道：

"怎么样？费了很长的时间。"

子路没有回答。他只是用拳头用力揉了好几次眼睛，嘴里还喘着粗气。

"那两个,像是隐士,是吧?"

为了让子路平息下来,孔子缓缓说道。

"是的。是隐士。是了不起的隐士。"

子路如同大爆发似的大声说着,还面对面地紧盯着孔子。

可孔子的脸上依然是那么的平静,那么的明朗。这倒是完全出乎子路的意料。他本以为会在车里看到一张愁眉不展的脸。他觉得自己的期待落空了。

"哦,很好啊。那么,你们都谈了些什么呢?"

见孔子这么问,子路一下子就蔫了。他原本想加上自己的意见后,将隐士们的话原原本本地告诉孔子,并要求他予以反省的,可现在哪还顾得上这个,顶多也就是勉强将事情经过叙述清楚罢了。

子路讲述时,孔子闭着眼睛,门人弟子却一个个地全都瞪大了眼睛。等他讲完后,门人弟子就跟约好了似的面面相觑。随后,统统将惶恐不安的眼神,悄悄地投向了老师。

孔子依旧闭着双眼,像是陷入了沉思。少顷,他长长地叹了一口气,睁开眼睛,看着子路说道:

"那么,去渡口的路,到底该走哪条呢?"

子路吃了一惊。他觉得自己仿佛身处庄严的殿堂之中,正在接受神圣的审问一般,一时间呆若木鸡。

"我想走的,是人所走的道路。因为,不与人在一起,我内心就不得安宁啊!"

随即,孔子将视线从子路的脸上转向众人。

"行吟于山野,与鸟兽为友,诚然也不失为一种生活方式。不过,我是学不来的。因为我觉得那是懦夫或极端的利己主义者所走的人生道路。我只想理所当然地走人所该走的道路。也就是说，我的心愿就是与众人同甘共苦。我乐在其中，也心安理得。照子路刚才所说，隐士们似乎认为不该留恋如此浊世。可要我说的话，正因为是浊世，才要在其中备尝甘苦。倘若世道清明，我又何必像现在这样奔波于风尘之中呢？"

门人弟子静静地聆听着。不知从何时起，子路的眼里噙满了泪水。他眨巴了几下眼睛，凝视着孔子的脸庞。

如今，他总算在将近黄昏的微暗光线中，看清了怀抱人生苦难的、清澈澄明的圣人形象了。

"老师，我刚才对您动了不敬的念头。"

孔子并未回答，只是把缰绳交还给了子路。然后他回顾众人，朗声说道：

"让子路走他喜欢走的路好了。走错了，退回来就是了。没什么大不了的。"

众人不由自主地笑了起来。子路也红着眼睛笑了。

此时，那两位隐士正挂着锄头，全神贯注地望着这儿呢。可在子路眼里，那也无非是两个稻草人罢了。他怀着既欣喜又悲凉的心绪，催动了孔子乘坐的车。

这时，不知从哪儿传来了乌鸦那嘲笑般的叫声。

陈蔡之野

卫灵公问陈于孔子。孔子对曰:"俎豆之事,则尝闻之矣;军旅之事,未之学也。"明日遂行。

在陈绝粮,从者病,莫能兴。子路愠见曰:"君子亦有穷乎?"子曰:"君子固穷,小人穷斯滥矣。"

——《论语·卫灵公篇》

今译: 卫灵公向孔子请教阵法。孔子回答:"礼仪方面的事情,我还知道一些;军队方面的事情,我没学过。"第二天,孔子便离开了卫国。

孔子一行在陈国断粮了,跟随的人都饿病了,没人能站得起来。子路生气地来见孔子,说:"君子也有没办法的时候吗?"孔子说:"君子没办法时还能坚守,而小人没办法,就胡作非为了。"

子曰:"赐也,女以予为多学而识之者与?"对曰:"然,非与?"曰:"非也。予一以贯之。"

——《论语·卫灵公篇》

今译: 孔子说:"赐,你以为我是个博闻强识的人吗?"子贡答道:"对呀,难道不是吗?"孔子说:"不是的,我是用一个观念把学到的知识全都贯穿起来了。"

孔子在周游列国的途中曾回过一趟鲁国,并在鲁国待了两年。在此期间,他潜心钻研诗书礼乐,教导门人弟子,也尚未对现实政治彻底失去希望。于是,在鲁哀公即位之年[1],他拖着六十岁[2]的年迈之躯,第三次来到了卫国。当时,正是他的孙子孔伋[3]——子思刚出生不久之后[4]。

然而,此时的卫国十分混乱,根本无法实行孔子所崇尚的大道。卫灵公本已老迈昏聩,又因宠爱的南子夫人被自己的儿子蒯聩所杀[5]一事而精神错乱。并有传言称蒯聩逃到晋国后得到奥援,正虎视眈眈地觊觎着卫灵公的国君宝座,故而全国上下都弥漫着国君父子间即将爆发违背人伦的可耻战争的氛围。

卫灵公得知孔子又来到自己的国家后,全然忘了自己之前

---

[1] 应为鲁哀公二年,即公元前493年。——译者注

[2] 应为五十九岁。——译者注

[3] 孔伋(公元前483—公元前402年),字子思。春秋末期鲁国人,孔子的嫡孙。著名的思想家。相传受教于曾参。继承发挥了孔子的思想,后其学说又经孟子发挥,形成思孟学派。后人尊称为"述圣"。——译者注

[4] 孔伋应在十年后才出生。——译者注

[5] 蒯聩企图刺杀南子一事发生在公元前496年,但并未成功。事败后,蒯聩先是逃奔宋国,不久后又投奔晋国赵氏。公元前480年,蒯聩夺取卫国国君之位,是为卫庄公,《列女传》称南子随后被庄公杀死。——译者注

对人家不理不睬的往事,立刻就召见了他。而见面之后他首先问的,居然是排兵布阵方面的事情。不料孔子答道:

"十分惭愧,礼仪方面的事情,我倒是学过一些的,但军旅之事,我可从未学过啊!"

孔子自然不可能一点儿都不懂军事,他只是不想跟可耻的父子之争沾上一点点边罢了。

结果在第二天,他就匆匆离开了卫国。之后他去了宋国、陈国、蔡国和叶国,随后又返回了蔡国。这一通奔波毫无结果,他所有的期待都破灭了。所到之处,非但无法实行他所崇尚的大道,还到处受到嘲笑与迫害,尤其是在陈国与蔡国的边境处所遭受的困厄,可谓他一生中最大的苦难之一。

当时,陈国因受到吴国的侵略而向楚国求援。楚昭王发援军行至城父[1]时,获悉孔子一行来到了陈蔡边境,便立刻遣使前去相邀,想聘请他们出仕楚国。由于孔子之前从未去过楚国,且风闻楚昭王是个了不起的人物,便立刻应允前往了。

听到这一消息后,陈国和蔡国的大夫们尽皆大惊失色。尽管在自己的国家内他们不重用孔子,却知道孔子的伟大。或许应该说,正因为他们知道孔子有多伟大,才觉得自己远远及不上,不能予以重用。

他们心想:

"不管怎么说,孔子是一位贤者。他所说的话,总能一针见血地触及各国政治的要害。尤其是,他在陈、蔡之间已经转悠了许久了,对于我们的各种手段自然是了如指掌的。要是像楚国这样的大国把他给请了去,并让他施展才能,那对于陈、蔡来说,

---

[1] 陈国地名。今安徽省亳州东南。——译者注

无疑就是个巨大的威胁。就连我们个人的地位，恐怕也难保了。"

于是这两国的大夫们经过密谋之后，各自派出了一队便衣士兵，将孔子一行人包围了起来。孔子一行人自然是不具备突破如此重围的武力的。门人弟子中也有两三位怒不可遏，不惜拼个鱼死网破的，可这种鲁莽的冲动遭到了孔子的训诫，于是大家只得静静地等待着自动解围。

然而，这围并未自动解开。所幸的是，也并无进一步要加害他们的迹象。可令人头痛的是，粮食越来越不够吃了。起初的一两天倒还正常。到了第三、第四天，就只能喝粥，到了第五天，就连一粒粟都不剩了。门人弟子中有许多人已经饿得东倒西歪、浑身无力地躺在草地上了。

孔子自己也不好过。可是，尽管掩盖不住脸上的衰老之色，可他仍不忘镇定自若地讲述大道，偶尔还会弹琴、唱歌。

劲头最足的子路不离孔子左右，为防万一，他时刻警戒着。可是，他的内心也绝不平静。他正在为孔子在如此危难时刻居然束手无策而生气呢。

"面对着即将饿死的人，道又算个什么呢？音乐又顶个什么用呢？说到底，那些玩意儿，还不是自欺欺人的东西吗？"

他心中如此暗忖着，不时朝孔子投去埋怨的目光。

第五天，夜已经很深了，即将迎来黎明。初秋的天空中，美丽的星星璀璨闪耀。可草地上，却横七竖八、毫无体面地躺着徘徊于生死之间的、奄奄一息的人。时而还从他们之中传来梦魇中的呻吟声。

"老师！"

突然，黑暗中响起了子路那沙哑的声音。

孔子沉思默想了很长时间，到底也觉着累了，这会儿正要躺

下。听到了子路的呼唤声后,他就不躺下了,只是静静地将脸转了过去。这时,子路说道:

"君子,也有穷困潦倒的时候吗?"

"穷困潦倒?"

孔子沉吟片刻,随后便平静地说道:

"君子自然也有穷困潦倒的时候啊!可君子即便穷困潦倒,也不会胡作非为的。只要不胡作非为,就自然会有出路。小人则不同了。小人穷困潦倒后必定会胡作非为。可一旦胡作非为,就绝对没有出路了。而那才是真正的穷困潦倒啊!"

就在孔子这话刚刚说完的当儿,相距四五米处蹲着的一个黑影霍地站了起来,随即便脚步踉跄地来到了孔子的跟前。他是子贡。子贡坐下后,便喘着气,透过黑暗凝视着孔子的脸。

"哦,是子贡啊!"

孔子深情地招呼道。但子贡却一声也不吭。他是不会胡乱说话的。但也因为这样,他内心的不满情绪反倒在子路之上,甚至他的脸上都浮起了嘲讽的笑意。孔子透过黑暗,也清晰地感受到了这一点。

"子贡,我像是辜负了你的期望了,是吧?"

子贡依旧默不作声。只是他的喘息之声越发地沉重了。

"你以为我掌握了许多种学问,也一定知道应付各种困境的办法,是吧?"

"这是自然。难……难道不是这样的吗?"

子贡用微微颤抖的声音说道。

孔子仰望星空,轻轻地叹了一口气,随即又看着子贡,用平缓却又不无严厉的口吻说道:

"不是这样的。贯穿我始终的,其实只有一样东西。我的全部生命,都倾注在这一样东西上了。"

说完之后,孔子显得十分寂寥。他甚至深深地为怀抱着连门人弟子都不理解的道义,而快要在此荒野中饿死的自己感到惋惜。与此同时,他也为虽不理解自己,却愿意跟自己同甘共苦的门人弟子感到无比的怜悯。他想说一些能够安慰他们的话。

"可是——"

他心想:

"(**原注1**)我决不能懈怠。决不能沉湎于一时的感伤而骄纵了门人弟子。他们之中,有的还是尚未开花的苗,有的则开了花却尚未结果。而我是决不能退缩的。因为,我是爱他们的。因为我要成为他们忠实的朋友啊!(**原注2**)既然爱他们,就不能不让他们操劳。既然要成为他们忠实的朋友,就必须孜孜不倦地教导他们。这都是为了让天道能在地上得到切实的施行。在此情况下,我若后退一步,就等于天道后退一步。

"(**原注3**)道的实现,犹如堆土成山,即使在还差一筐土的时候遭受挫折,那也是整个过程的挫折。又犹如平整凹凸不平的土地一样,哪怕只倾倒了一筐土,整个工程也就有了那么一点儿实际的进展了。道,是永恒的。哪怕前进一步,也是前进,而是进是退,又全在是否向苦难屈服的一念之间。"

想到这儿,他已经完全不感到疲倦了。他重整威严,回头看着子路,用低沉而又清晰的嗓音说道:

"《诗经》上有'匪兕匪虎,率彼旷野'[1]这么一句,你还记

---

[1] 出自《诗经·小雅·何草不黄》,意为:既不是犀牛,也不是老虎,却奔跑于荒野之上。孔子借用该诗句,其实是想说:"难道我推行的道义不正确吗?为何我会落到如此般田地?"——译者注

得吗？"

"记得。"

"怎么讲？"

"意思是说，人不是犀牛、老虎之类的野兽，可要是人不走人道，那就跟在旷野上游荡的野兽没什么两样了。"

"嗯。那么，我所说的道，你又觉得如何？有没有错呢？如今，我不就跟野兽一样，徘徊在旷野之上吗？"

"我不知道老师的道是否正确。可是，我觉得，倘若别人不相信自己的话，那就只能认为自己的仁，尚不完美；倘若别人不践行自己所标榜的道，那就只能认为自己的智，还不充分。"

子路的这番话说得很不客气，语调中也明显带有不满的情绪。然而，孔子却极为平静地说道：

"你的这种想法是错的。要是仁者所说的话，他人定会相信，那么伯夷、叔齐[1]也就不会饿死在首阳山了。要是智者所宣扬的道定能得以施行的话，那么王子比干[2]也不会惨遭虐杀了。"

子路听老师说出那三人的名字，只得垂下脑袋，沉默不语了。于是孔子又转向了子贡，说道：

"《诗经》上有'匪兕匪虎，率彼旷野'这么一句，而我正像野兽一般在旷野上奔跑着，那么，是我的道，不对吗？"

子贡沉吟片刻后答道：

"老师的道过于宏大了，宏大到溥天之下都无法容纳了。能

---

[1] 伯夷、叔齐是传说中的两位仁者。他们原本是孤竹国国君的儿子，周武王讨伐殷纣王时，他们曾极力劝阻过，但未被采纳。后来他们不食周粟，躲进了首阳山，采野菜为食，最后饿死了。——译者注

[2] 比干为传说中的智者。殷纣王的叔父，因劝谏暴虐的纣王，曾一连三天都一动不动。最后被纣王残暴地杀害了。——译者注

否再调整一下，调整到世人所能接受的程度呢？"

"调整到世人所能接受的程度？"

孔子皱起眉头，立刻反问道：

"子贡，你这种想法看起来的确很聪明。可是，出色的农夫即便能够很好地种出谷物，也不知道怎样才能赚钱。出了名的木匠即便在干活时倾注了全部的心血，也不能保证一定能让人满意。君子也一样，绝不能为了眼前的利益而迎合世人！应该下功夫修行的是道。君子就应该规范自己所有的言行，使其不违背道的基本规则。你的心愿居然不是修道，而是想被世人所接受，这可谓聪明过头了。你应该抱有更为远大的志向才是啊！"

子贡不吭声了。孔子将视线从子贡的脸上移开，像是在寻找着什么似的扫视着众人。

"颜回呢？颜回在吗？"

颜回就在孔子的身后。原本就病恹恹的他，经过了这五天五夜的露宿之后，更是比谁都虚弱了。可他的姿态却仍是一如既往的恭敬。在已经微微泛白的晨光中，他那张惨白的脸几乎就跟死人差不多。可他的双眼之中，仍泛着清澈的光芒。听到老师呼喊，他立刻站起身来，走到子贡身边，对着孔子恭恭敬敬地行了一个礼。那姿态简直就跟风中摇曳的青青芦苇一样。孔子目不转睛地凝视着他，问道：

"《诗经》上有'匪兕匪虎，率彼旷野'这么一句，而我正像野兽一般在旷野上奔跑着，那么，是我的道不对吗？"

"我以为——"

颜回就那么站着便开始回答了。孔子摆了摆手，说道：

"站着说话太累。你还是坐下来，慢慢地说吧。"

颜回坐了下来。而他的坐姿，也是十分端正的。他将视线投

在了孔子的膝盖处,继续说道:

"老师的道太伟大了,所以才不见容于天下。然而,我衷心祈求老师推行此大道。即便不为天下所见容,又有什么可忧虑的呢?应该说,正因为老师的道不见容于天下,才清楚地表明老师是真正的君子。我们作为修道之人,只需为修道不到家而感到羞耻就行了。可明明有修道完美的人在,却弃之不用,那就是治国者的羞耻了。请允许我再重复一下:大道不见容于天下,根本无须忧虑。君子真正的价值,正要在不见容于天下之时,加以发扬光大!"

颜回的脸上微微泛起了红潮。说完之后,他再次站起身来,恭恭敬敬地对孔子深施一礼。

孔子满心欢喜。他面带微笑地对颜回说道:

"你真不愧是颜氏一脉啊!你要是有财产的话,我愿意做你的家宰,帮你来打理。哈哈哈。"

此刻天已大亮。孔子对子贡招了招手,说道:

"你立刻前往城父,引楚军来解救我们。"

子贡吃了一惊。他不由打量了一下四周。心想,现在天光大亮,怎么可能突出重围呢?

孔子像是看透了他的心思,笑道:

"今天已是第六天了。包围我们的这些人,肯定也已经累得筋疲力尽了。再说,眼下天都亮了,他们也感到放心了,估计都在偷偷打盹吧。"

正如孔子所言,包围网早就漏洞百出了。子贡轻松地突出了重围,并联系到了楚军。

第二天,陈、蔡的围困已解。孔子一行受到了楚军的盛情款待,并很快就见到了楚昭王。

原注：

1.子曰："苗而不秀者有矣夫！秀而不实者有矣夫！"

——《论语·子罕篇》

今译： 孔子说："庄稼长出了苗却尚未吐穗开花的情况是有的吧！庄稼吐穗开花却尚未凝浆结实，是有的吧！"

2.子曰："爱之，能勿劳乎？忠焉，能勿诲乎？"

——《论语·宪问篇》

今译： 孔子说："爱他，能不加以勉励吗？为他着想，能够不教诲他吗？"

3.子曰："譬如为山，未成一篑，止，吾止也！譬如平地，虽覆一篑，进，吾往也！"

——《论语·子罕篇》

今译： 孔子说："好比堆土成山，只差一筐土了，如果停止，是我自己停下来的。又好比平地堆土成山，即使才刚刚倒下一筐土，如果继续干，我也会一往无前的。"

注：这一则故事基本取材于有着最早的"孔子传记"之誉的、司马迁的《孔子世家》。"匪兕匪虎"以下一段问答，在《论语》中是没有的。

病中的孔子与子路

子疾病，子路请祷。子曰："有诸？"子路对曰："有之。《诔》曰：'祷尔于上下神祇。'"子曰："丘之祷久矣。"

——《论语·述而篇》

今译： 孔子病重，子路请求祈祷。孔子说："有依据吗？"子路说："有的。《诔》文上说：'为你向天地神祇祷告。'"孔子说："我早祷告过了。"

不知为何，总是劲头十足的子路今天却也软绵绵地靠在椅子上，心事重重的。

自从孔子病倒，他就一直陪在身旁，日日夜夜不合眼地看护着。时间就这么一天天地过去，已经快一个月了，可孔子的病非但不见好，反倒日益加重了。尤其是最近这两三天，衰弱得十分明显。看他昨晚那模样，还真叫人捏一把汗呢。

"万一……"

一想到这儿，子路就茫然不知所措了。

退到外间后，他一时间失魂落魄似的，呆呆地望着屋顶的某个角落。门人弟子的低声细语，时不时地从孔子的病房传出来。可子路已经失神恍惚，甚至觉得自己快要死了。

"我要永远陪伴着老师！"

此刻，横亘在他心头的，就只有这么一个念头了。随后，他又想起了以前自己问孔子关于死亡的问题时，孔子的回答：

"（**原注1**）生的真相尚未明了，是不会明了死的真相的。"

他心想：

"死亡的真相什么的，明不明了又有什么关系呢？只要死后另有一个世界，而我能永远陪伴在老师的身旁，不就行了吗？"

想着想着，他觉得或许明天就能跟随老师进入那个未知的世界了，内心既萧索又欣喜。

然而，那也仅仅是一瞬间的事。随后，他就猛然一惊，不由自主地站起身来。

"怎么搞的？我这不是在期盼老师死吗？"

他双手在胸前扒拉着，像是要拂去什么脏东西似的。然后他就那么站着，侧耳静听着房间里面的动静。

房间里静悄悄的。他蹑手蹑脚地围着刚才坐过的椅子转起了圈，与此同时，也在心里痛骂自己没用。

"你就不能让老师恢复健康吗？"

原有的刚烈秉性突然又回来了。他忘记了越来越响的脚步声，开始"这么着怎样？那么着如何？"地考虑起今后的看护方法来。可是，不论他怎么想，也想不出比之前更好的方法来。

"人的力量终究是有限的呀！"

想到这儿，他觉得内心深处就跟有个雪人化掉了似的，很不得劲。

他叹了一口气，又在椅子上坐了下来。现在，无论是什么，只要觉着有一线希望，他都会死攥着不放的。因为他知道，再怎么痛骂自己也是无济于事的。再说，就连痛骂自己的那股子劲头，也已经消失殆尽了。

"既然这样，除了祈求鬼神，就别无他法了。"

他这么想，其实内心是十分痛苦的。因为，长期以来，他从孔子那儿所得到的教诲都是要脚踏实地地走人所该走的道路。在之前向孔子请教有关死亡的问题的同时，他也曾请教过如何侍奉鬼神的问题，而孔子只叫他专心侍奉人，不要去想什么鬼神。说是怎么侍奉人都还不清楚的话，怎么会明白如何侍奉鬼神呢？打那以后，他就谨守此教诲，无论遇到多么严酷的艰难险阻，也只靠自己的努力而绝不依赖什么神鬼之力。因此，他也为自己居然会想到祈求鬼神而感到万分遗憾。

"我是多么没用啊！"

他恨自己恨得牙根直痒痒。

然而，考虑到这并非为了延长自己的生命后，他也多少能够自我安慰一下了。并且他也做好了思想准备：倘若孔子果真能因此而获救，那么自己作为求道者的耻辱之类，就随它去好了。就算因此而被孔子逐出师门，自己也无怨无悔！

怀着如此复杂的情感，他又在屋里转开了圈子。而等他终于决定要加以实行时，便跟谁都不说一声，一个人悄悄地出门去了。

好几个时辰，就这么过去了。

其他同门师兄弟见看护孔子最为热心的子路，居然一声不吭地消失了，都觉得很不可思议，同时也十分担心。可当他们看到子路腋下夹着一册书，慌慌张张地跑进老师的房间后，就更是惊诧不已。

"老师，我要求您老一件事。"

子路来到孔子的枕头旁，喘着粗气说道。

"什么事？"

正在闭目养神的孔子微微睁开双眼，问道。

"我要祈祷。为老师的病体康复祈祷。"

"冷不丁的，说什么呢？先王之道中，哪有什么祈祷呀？"

"有的，有的。老师您自己编纂的书中就有，就在《诔》中，所谓'祷尔于上下神祇'。"

说着，子路急忙翻开他带来的那本书给孔子看。

孔子微微一笑。可是，随即又闭上了眼睛，不再说话。

"老师！"

子路多少有些着急地说道：

"其实,我已经决定即便事后受您训斥也要独自为您祈祷了。只是我不知道祈祷的方法,所以刚才出去查了一下,果然发现了刚才给您看的那句话。我想,既然古代的圣人之道中就有这种方法,那就不必瞒着您老人家了,故而前来求得您的同意。老师,请让我来为您祈祷吧。老师,这既是为了您,也是为了我们这些门人弟子,甚至是为了天下所有的人啊!"

孔子大大地睁开了眼睛。此刻,他的眼里闪耀起强烈的光芒,哪里还像一个病人呢?他紧盯着子路的脸,凝视了好一会儿后,说道:

"我不用你为我祈祷。我自己就一直在祈祷。"

"您自己祈祷?"

子路大吃一惊,不由得将自己的脸凑近了老师的脸。其他的门人弟子也都满脸诧异地看着孔子的眼睛。

"是啊。我已经一连祈祷了几十年了。"

"几十年了?"

门人弟子面面相觑。孔子叹息似的长长地吐了一口气后,又闭上了眼睛。一时间大家沉默无语。过了一会儿,孔子闭着眼睛问道:

"那么,所谓祈祷,又该做些什么呢?"

"自然是将自己的心愿告诉一众神灵⋯⋯"

孔子像是为了要打断子路的话似的,又睁开了眼睛,并将眼珠子瞪得大大的。

"心愿?哦,什么心愿?"

"⋯⋯"

子路有些犯犹豫了。他不知道该不该将自己的想法说出来。因为他终于察觉到孔子的话里是藏着某种深意的。

孔子说道：

"这种心愿，不应该是出自私情私欲的。反倒是克服了私情私欲、符合天地神明之心的心愿，才是至纯的心愿，将这样的心愿告诉天地神明，才是真正的祈祷。难道不是吗？"

子路垂着脑袋站在那儿一动也不动，像一尊石像。

"有件事我必须讲明。那就是，我从不否定天地神明。应该说，正因为我崇敬神明，为了符合神明之心，才修身至今的。所以你们可以理解为，我一生都在祈祷。你对《诔》中的文字，也必须如此理解，才能懂得其微言大义。"

"老师，实在是抱歉。没想到由于我的浅薄，反倒让老师您担心了……"

"不要这么说。处处都有学问啊！尤其是你能这么为我操心，我很高兴。要说起来，如此的良苦用心也是一种道啊！或者说，这才是道的种子。只是，比起我的肉体来，你更应该关心我的精神。我的心愿是精神永生。就是通过传播万古不易的先王之道，来获得永生啊！"

说着，孔子露出了极其深邃的眼神，仿佛他正同时凝视着遥远的过去和遥远的将来。子路以及其他门人弟子都为这从未见到过的庄严神态所打动，不由自主地闭上眼睛，跪了下来。

"哦哦，大家今天这才怀有真正的祈祷之心了。要为我祈祷的话，就该有如此纯净的心灵啊！嗯，我有些累了，要睡一会儿了。你们也都去休息吧。"

不可思议的是，从第二天开始，孔子的病就一点点地好起来了。然而，世事难料，几年后，子路在卫国的内乱中奋战至死，反倒是七十高龄的孔子为他流下了哀悼之泪。

原注：

季路问事鬼神。子曰："未能事人，焉能事鬼？"曰："敢问死。"曰："未知生，焉知死？"

——《论语·先进篇》

今译： 子路问服侍鬼神的方法，孔子说："活人还服侍不过来，怎能服侍鬼？"子路又说："请问死是怎么回事？"孔子说："生的道理还弄不明白，怎会明白死的道理呢？"

一以贯之

子曰:"参[1]乎!吾道一以贯之。"曾子曰:"唯。"子出。门人问曰:"何谓也?"曾子曰:"夫子之道,忠恕而已矣!"

——《论语·里仁篇》

今译: 孔子说:"参啊!我的学说有个观念是贯通一致的。"曾子说:"是。"孔子走出去以后,学生们便问道:"老师说的是什么意思?"曾子说:"老师的学说不过是'忠'和'恕'罢了。"

---

[1] 曾子(公元前505—公元前435年),名参,字子舆。春秋末期鲁国人。孔子的学生,名列"孔门七十二贤"。相传《大学》《孝经》为其所作。《汉书·艺文志》有《曾子》十八篇,已佚。《大戴礼记》中有《曾子》十篇。因其学说颇得孔子学说精髓,在儒学发展史上占有重要的地位,后世尊为"宗圣"。——译者注

"老师也相当高寿了吧?"

"是啊,快到七十了吧?"

"什么'快到'啊,今年就到七十岁了。"

"师母是在前年亡故的吧?"

"是啊!"

"嗯,确实是七十岁了。这两年明显衰老了很多呀!"

"毕竟七十岁了。可是,他老人家的内心却越发地澄明了,不是吗?"

"事实上,近来我每次到老师面前,都觉得自己像是待在水晶宫殿里似的,就连自己的身体也变得透明了。"

"真要是透明那倒好了,只怕是变成一颗肮脏的小石子吧!"

"你这话说得也太失礼了吧?"

"我近来只要一到老师面前,也不知怎么的,总会有一种沉静祥和的感觉。"

"那是一种怎样的感觉呢?"

"怎样的感觉?怎么形容呢?反正会从内心深处感到一种喜悦。"

(原注1)孔子的十来个门人弟子正在起劲地闲聊着。他们还都只有二十出头,一个个的精神抖擞,意气风发。其中年龄最大的是子游,二十五岁。子舆和子柳同年,都是二十四岁。再往

下，就是子张、子贱、子鲁、子循等人了。而子舆可谓这一帮年轻弟子中的翘楚。他本名为曾参，初看给人以愚钝之感，却具有很强的反省能力，是最受孔子青睐的学生之一。比他大两三岁的子夏倒是能在各方面与之相匹敌，可今天并不在场。

闲聊仍在继续。

"好吧，这个姑且不论，你们不觉得老师近来沉默寡言，也不怎么教我们了吗？"

"不见得吧！老被他训斥的人也不少。我就是其中之一。"

"你当然是与众不同的。"

"说什么呢？你不是也总被老师批评吗？"

"喂！喂！别吵架，好不好？不过，说真的，老师的话确实是越来越少了。"

"是吗？我倒没怎么觉得。"

"不。与以前相比，他老人家确实不怎么说话了。"

"也不是最近才突然变成这样的吧？基本上没什么必要的话，他老人家都不怎么开口的。"

"有关这一点，前一阵还发生了一件趣事。"

"趣事？是关于老师的吗？"

"嗯，有那么五六位吧，都是跟你一样觉得老师沉默寡言的同门弟子，一起去向老师提出抗议了。"

"他们也真是太没大没小了。"

"有什么'没大没小'的，我们也有同感。"

"也有没同感的。"

"好了，别吵。先听他往下说。当时，老师是怎么说的？"

"那还用问吗？"

"别抖机灵，好不好？难道说你还预测了老师要说的话？"

"预测倒是没预测。我要是预测了,也就不会跟他们一起去抗议了。"

"嚯,原来你也一起去了呀!那你说'那还用问吗?'是什么意思呢?"

"其实,当时听了老师所说的话,大家全都张口结舌、无言以对了。"

"老师到底是怎么回答的?"

"只要了解老师平时的为人,也就不难揣摩了。"

"喂,喂!别卖关子了,好不好!"

"没卖关子。只是我现在才知道你们也都跟我一样,对老师并不怎么了解,所以稍稍放心了。"

"别小瞧人了!"

"别生气。马上就说了。不过,即便我不说,估计曾参也能猜到。"

大家一齐朝曾参看去。可曾参只是笑了笑,并未作答。他先是看了一眼年长的子游,然后扫视了一周大伙儿,轻轻地点了点头。

"要是连曾参都猜不出,我就越发地放心了。好吧。老师的回答是这样的:'你们是不是以为我有什么秘诀?其实我所追求的道是没有什么秘诀的。我只想在日常生活中,每时每刻都践行这个道。你们要跟我学道,只要观察我的日常生活就行了。语言并不是道。(**原注 2**)所以,尽管我嘴上不说,可也不是为了要隐瞒什么。你要理解,我孔丘,就是这么一个人。'——怎么样?你们也都张口结舌、无言以对了吧?"

听完之后,大家果然全都沉默不语了。曾参依旧面露微笑。

"那么,你们又怎么样呢?"

过了一会儿，有一人问道。

"大家都十分尴尬地站着而已。"

"后来老师就没再说什么了吗？"

"说了。而且是用沉重的口吻说的。具体是怎么说的，我现在已经记不太清楚了，但意思是这么个意思：语言本身是软弱无力的，所以对于不主动学习的人，哪怕费上千言万语，也是毫无用处的。因此，不到你们学习热情高涨，或还没到发愤的地步，我是不会来启发你们的。

"（原注3）我知道你们想获得一些连自己都不甚理解的高深隽语，如果我没有看到你们大体理解了，却又苦于不知道该怎么表达，我是不会教给你们恰当的话语的。而你们必须根据我所说的一隅而推出其他三隅。如果你们做不到这点，我也就不会再教你们了。——大概就是这么个意思吧。"

"是这样啊！这样的话，老师的心思我们大致也明白了。"

"是啊。可是，比起他老人家沉默不语来，还是遭他训斥的好啊！"

"训斥也要看是怎么训斥的吧？"

"那是自然。不过，你们那个抗议团后来怎么了？就那么回去了吗？"

"不回去还能怎样呢？"

"那就太窝囊了。要是我的话，是还有话要说的。"

"嚯，你厉害。那就说来听听吧。"

于是大家全都将膝盖往前移动了一下。就连曾参也目光炯炯地望着那人。

"老师要以实际行动来教导我们，这一点我已经很清楚了。还有，他对有的弟子谆谆教诲，对有的弟子不怎么教导，这里面的道理，我基本上也能猜到。可是，老师对于同样的问题，却会因人而异地给予不同的答复。这里面的道理，我就搞不懂了。"

"这不是理所当然的吗？因为问问题的人，是不一样的。"

原本有些紧张的气氛，就因这么一句话而立刻轻松了起来，就连曾参的脸上，也恢复了微笑。

"譬如说，是怎么样的问题呢？"

"有人问，明白了道理是否可以立刻付诸行动，老师回答说：'不行！要与父兄商量后再实行。'可是，在另外一个场合，另一个人问了同样的问题，老师却明确表示：'当然要立刻付诸行动。'"

"问这种问题的人到底是谁呀？"

"（**原注4**）具体我也不是很清楚，好像是子路或冉有这些师兄吧。公西华[1]听说了这事儿，就说，要就如此矛盾的说法，去当面质问老师的话。老实说，有机会时，我也想当面问问老师呢。"

"那恐怕是因为子路与冉有的秉性不同，老师才分别作出不同的回答吧！"

"或许是这样。可是，根据学生的秉性而因材施教，也该有个限度吧。要是根本问题也摇摆不定的话，那我们可就无所凭依了。说到底，我们入老师之门，不就是为了学习不变的真理吗？要是被父兄的意见所左右，那还叫哪门子不变的真理呢？

---

[1] 公西华（公元前509—？），即公西赤，名赤，字子华，通称公西华。春秋末期鲁国人。孔子的学生，名列"孔门七十二贤"。擅长祭祀之礼、宾客之礼。——译者注

我们要学的，可不是这种不可靠的东西，对吧？我们要学的，是不论在什么时间、地点，也不论是什么人都一律通用的普遍真理啊！"

"同意！"

"赞成！"

有几名弟子不由自主地叫了起来。其中一人窥探了一下大家的脸色之后，说道：

"如此说来，到目前为止，我们学的都只是些细枝末节的东西了？"

"什么'细枝末节'？你这说得也太过分了吧！"

"可是，有关道德技巧方面，不是学了很多吗？"

"技巧固然不错，就是有点儿零零碎碎的。"

"是否零碎我不知道，不过确实是很个人化的东西。"

"喂，曾参，你老是一声不吭的，你到底是怎么想的？"

从刚才起，曾参就颇为担心地听着大家的谈话。他正为自己同门师兄弟的这种浅薄无聊的姿态而独自心痛不已。现在听到有人问他，便想说一说自己的看法。可他不清楚老师听了大家刚才的话会怎样来教导他们。他知道，现在立刻说出自己的看法，是能够解决一些表面问题的，但并不能真正解决问题，甚至还有可能扰乱了老师的教育方针亦未可知。

正如大家刚才提到的那样，老师是不满足在语言层面上解决问题的。再说他也想看看，善于最大限度地利用各种机会的孔子，在眼下这么个场合又会有怎样的表现。想到这儿，他便不动声色地说道：

"老师不是马上就要来了吗？如此重大的问题，还是直接问老师为好。"

"当然是要问老师的。可是，你要是有自己的看法，不妨也说来听听。"

这话就说得不无嘲讽意味了。但曾参却不予理会，干净利落地回绝道：

"对不起。我没有什么明确的看法。"

在此之后，大家依旧围绕着老问题喋喋不休，唠叨个不停，可说来说去，总也说不到点儿上。不仅如此，他们还时不时地肆无忌惮地说一些冒犯孔子权威的话语。曾参心想，这可不行啊，实在不得已的话，那就只好说出自己的主张，暂且平息一下他们的情绪了。

可就在此时，孔子终于来了。

"哦，好热闹啊！"

孔子说着，在恭恭敬敬地迎接他的弟子们的面前走过，在正面的座位上坐了下来。

接着，由年长的子游代表大家向老师请安，并略带顾忌地将大家刚才讨论的内容进行了简要的汇报。

孔子目光如水，平静地听着。等子游说完了，坐回自己的座位之后，孔子便像是在数人头似的，扫视了一圈大家。随后，他又将目光落到了曾参的脸上，用平静而有力的声调说道：

"曾参，我的道，是一以贯之的。"

曾参谦恭地低下了头，心悦诚服地答道：

"正是。"

孔子倏地站起身来，抛下一众呆若木鸡的门人弟子，从容安详地走出了屋子。

直到孔子的脚步声消失之后，大家仍然默默地面面相觑，茫然不知所措。少顷，曾参朝大家深施一礼后，便要离开屋子。大家这才回过神来,像是突然想起了什么似的,七嘴八舌地将曾参给叫住了。

曾参站定身躯,转身望着大家。

"刚才那一出,到底算是怎么回事儿呀?!"

有一人问道。

"老师说什么'一以贯之',到底是什么意思呢?"

另一人问道。

"曾参,你刚才像是已经领会了似的回答了老师,不过,你真的搞懂了吗?"

又有一人用近似于抬杠的口吻问道。

不知不觉间,曾参已被大家包围了起来。并且一个个都神情紧张地等待着他的答复。

曾参环视了一周之后,平静地回答道:

"你们从刚才起,就在说老师的教诲是细枝末节的,是零零碎碎的,是个人化的,还说那不过是道德的技巧,简直是信口开河啊!你们只要仔细想一想就会明白,那一切都是'道'的具体表现。老师从不抽象地讲述道理而总是凭借当前的具体事物来开导我们的。所以,从某种角度来看,是个人化的东西,是零零碎碎的。

"可是,根据我的经验,即便是老师的只言片语,也无不是根植于道的。近来,我意识到这一点后,每天都惊叹不已,越想越觉得老师所有的教诲,其实都统一到某个一以贯之的东西上去了。小到日常礼仪,大到救世济民,全都被其贯穿着,分毫不差。"

听了这番话后,大家勉勉强强地点了头。然而,曾参还是有点儿不放心,于是他又语气沉重地强调道:

"可是，这也并非是老师凭脑力归纳出来的。因为，无论多么聪明，也不能将所有的言行都归于一统。对于老师来说，所谓'道'，并不仅仅是道理，而是发自内心的一种愿望，是他几十年来生命体验的结晶。离开了道，老师便一刻都无法生存，自然也了无生趣了。所以，他老人家毫无矫揉造作之态，已与道融为一体，圆满无缺了。"

说到这儿，曾参忽然心中一惊。因为他发现，自己竟在不知不觉间教训起同门师兄弟了。他猛地收住了口，涨红了脸。随后，便逃也似的跑出了屋子。

这下子又把大伙儿搞得目瞪口呆，只得直愣愣地目送他离去。一会儿过后，他们便带着也不知道是明白了还是仍不明白的表情，散去了。

原注：

1. 柴也愚，参也鲁，师也辟，由也喭。

——《论语·先进篇》

今译： 高柴愚笨，曾参迟钝，颛孙师偏激，仲由粗鲁。

曾子曰："吾日三省吾身。"

——《论语·学而篇》

今译： 曾子说："我每天要自我反省好多次。"

2. 子曰:"二三子以我为隐乎?吾无隐乎尔。吾无行而不与二三子者,是丘也。"

——《论语·述而篇》

今译: 孔子说:"弟子们以为我有所隐瞒吗?我对你们什么都没有隐瞒!我的所作所为都是公开的,这就是我的为人。"

3. 子曰:"不愤不启,不悱不发,举一隅不以三隅反,则不复也。"

——《论语·述而篇》

今译: 孔子说:"教导学生,不到他苦思冥想却不得其解的时候,我就不去开导他,不到他想说而说不清楚的时候,我就不去启发他。给他指出一个方面,却不能由此推知其他三个方面,我就停下来不再教他了。"

4. 子路问:"闻斯行诸?"子曰:"有父兄在,如之何其闻斯行之?"

冉有问:"闻斯行诸?"子曰:"闻斯行之!"

公西华曰:"由也问:'闻斯行诸?'子曰:'有父兄在。'求也问:'闻斯行诸?'子曰:'闻斯行之!'赤也惑,敢问。"子曰:"求也退,故进之;由也兼人,故退之。"

——《论语·先进篇》

今译: 子路问道:"凡事能否一听到就行动起来?"孔子说:

"父兄还健在，怎么能一听到就行动起来呢？"

冉有问道："凡事能否一听到就行动起来？"孔子说："一听到就行动起来。"

公西华说："子路问道：'凡事能否一听到就行动起来？'您说：'父兄还健在，不能这样做。'冉有问：'凡事能否一听到就行动起来？'您说：'一听到就行动起来。'我感到十分困惑，所以斗胆问问。"孔子说："冉有平日谦虚退让，所以我要鼓励他；子路平时勇猛过人，所以我要抑制他。"

行藏之辩

子使漆雕开[1]仕。对曰："吾斯之未能信。"子说。
——《论语·公冶长篇》

今译：孔子叫漆雕开去做官。他答道："我对此还没有自信。"孔子听了很高兴。

季氏使闵子骞为费宰。闵子骞曰："善为我辞焉。如有复我者，则吾必在汶上矣。"
——《论语·雍也篇》

今译：季氏派人来请闵子骞去做费地的地方官。闵子骞对来人说："好生替我辞掉吧。若是再来找我的话，那我一定会躲到汶水边上去的。"

子贡曰："有美玉于斯，韫椟而藏诸，求善贾而沽

---

[1] 漆雕开（公元前540—？），字子开，又字子若。春秋末期鲁国人，一说蔡国人。孔子的学生，名列"孔门七十二贤"。在《论语》中仅提及一次。为人谦和而自重，在孔门中以德行著称。——译者注

诸?"子曰:"沽之哉!沽之哉!我待贾者也!"

——《论语·子罕篇》

今译:子贡说:"这里有一块美玉,是把它藏在柜子里呢,还是求一个识货的买主卖掉呢?"孔子说:"卖掉吧!卖掉吧!我在等待买主呢!"

子谓颜渊曰:"用之则行,舍之则藏,惟我与尔有是夫!"子路曰:"子行三军,则谁与?"子曰:"暴虎冯河,死而无悔者,吾不与也。必也临事而惧,好谋而成者也。"

——《论语·述而篇》

今译:孔子对颜渊说:"如果用我,就行动起来;如果不用,就隐藏起来。大概只有我和你才能做到这样吧!"子路说:"您若统率一国军队,你愿找谁共事?"孔子说:"空手打老虎,徒步过河,死了也不后悔的人,我才不与他共事呢!一定要与人共事的话,也要是面临大事时谨慎小心、善于谋略而能干成事情的人。"

子曰:"道不行,乘桴浮于海。从我者,其由与?"子路闻之喜。子曰:"由也,好勇过我,无所取材。"

——《论语·公冶长篇》

今译:孔子说:"如果我的主张推行不通,我就坐个小木筏漂流海外。跟随我的人,恐怕只有仲由吧?"子路听了这话十分高兴。孔子说:"仲由的勇敢大大超过了我,就是不善于裁度事理。"

那一天，话题偶然转到了出去做官上，孔子的门人弟子讨论得十分热闹。在座的除了颜回、子路、子贡、闵子骞等高足，还有新近来自蔡国的漆雕开。

孔子沉默良久，只是听着大家的发言，突然又像是想起了什么似的，对着漆雕开说道：

"哦，对了。上次跟你说的那个事儿怎么样？你认真考虑过了吗？"

"是的。我仔细考虑过了。可是——"

说到这儿，漆雕开的脸微微泛红，他望着大家继续说道：

"我还是没有出去做官的自信。在还不能管好自己的时候要我去管理别人，我总觉得有点儿害怕。老师，我辜负了您的期望，十分抱歉。这次您还是举荐比我更合适的人吧。"

孔子听了满面喜色，重重地点了点头。不料一旁的子路却用怜悯的眼神看着漆雕开，说道：

"你老是这么顾虑重重的，就永远都不会有机会来检验一下自己的能力。无论什么事情，不先尝试一下又怎么知道行不行呢？只要脚踏实地，刻苦努力，自信也就会自然而然地产生了。"

"倒也不见得一定如此吧？"

子贡接口说道。

"要是连某种程度的自信都没有就出去做官，很可能从一开始就栽个大跟头的。想想看,要是刚一踏上仕途就失去了百姓的信赖,那将是一件多么可怕的事儿呀!"

"可漆雕开也没有那么的幼稚。就说我吧,不也是经常受他启发、受他开导的吗?就跟白活了这么一大把年纪似的。"

子贡觉得子路这话味道不对,便微微地皱了皱眉,说道:

"我只是泛泛而论,并未说漆雕开他会怎样。"

"'泛泛而论'也好,什么论也罢,在这种节骨眼上,还是不说挫人勇气的话为好。……老师,您觉得怎么样?我要是有漆雕开那样的能力,那点差事,我觉得是完全能够胜任的。"

"那当然是不用担心的。可问题不在这儿呀……"

孔子轮流看着子路和子贡,说道:

"其实,我是想在此发扬一下漆雕开那种深思熟虑与深刻反省的态度、谦让的美德和高远的志向。为了发扬如此崇高的境界,做官不做官的,简直就不值一提了。(**原注1**)事实上,现在的人都太急于做官了。早早地做了官,就那么了不起吗?老实说,认认真真地学了三年还不追求俸禄的人,才是真正难能可贵的人啊!"

漆雕开像是十分感动,用充满感激的眼神看着孔子。可当他与孔子视线相交后,又马上将自己的视线落在自己的膝盖上了。

"还有——"

说着,孔子又将视线转向了闵子骞:

"大夫季氏前一阵子像是派人来跟闵子骞说了些什么,是吧?"

"是的。前几天他突然派了使者来,问我是否愿意去做费邑的地方官。"

"哦,后来呢?"

"我明确地回绝了。因为近来季氏十分专横,简直将鲁国当成了他的私产了,而费邑又是季氏的私人领地……"

"是啊。近来季氏的专横,简直是岂有此理!(**原注2**)他只不过是一个诸侯国的家臣,居然在自己的家庙中演起了只有天子才配演的八佾之舞。这是明目张胆的僭越。要是这都能忍的话,那天下还有什么事不能忍呢?拒绝做他的下属,那是理所当然的。不过,要拒绝,也难免要费一番口舌吧。你又是怎么拒绝的呢?"

"我也没说什么具体的理由。只是他派来的人也确实有点儿难缠,于是我就稍稍严厉地说,你要是再来的话,我就离开蔡国,去汶水[1]边隐居了。"

就平时话不多,且以温厚敦实闻名的闵子骞而言,他的这番话可谓斩钉截铁了。孔子听了也不免微微吃惊,而听了兴高采烈的则是子路。

"痛快!——不过,还真没想到你能说出这样的话来。"

不料孔子听了这话,却神情凛然,略带责备的口气说道:

"正因为是闵子骞,才能说出这样的话来呀!"

子路不禁面呈诧异之色。孔子继续说道:

"君子之强,不在于臂力与口才,而在于具有在危急关头能毫不动摇地守护正义之能力。闵子骞就有如此的刚强。(**原注3**)我也曾说过,在判断事物、决定自身进退之际,君子总是以正义为标准。小人则与之相反,是以利害得失为标准的。而一旦以利

---

[1] 季氏是鲁国的权臣,而汶水在此指齐国,故闵子骞后半句话想说的是"我要离开鲁国,避居齐国了"。因此,原文中的"蔡国",似为"鲁国"之误。——译者注

害得失为标准，也就不会有真正的刚强了。自然也不会像闵子骞这样，说出如此字字千钧、斩钉截铁的话来了。"

沉默持续了一会儿。子路与闵子骞尽管心情各不相同，却都不好意思地垂下了脑袋。

突然，子贡打破了沉默。他开口说道：

"诚然，漆雕开与闵子骞的做法是不容置疑的。可是，请允许我用一块天下无双的美玉来打个比方吧。老师，要是您的话会如何处置这块玉呢？是将其永久地藏于匣中呢，还是寻觅一个好买家将其卖了呢？"

孔子立刻听出了子贡的言外之意：他是在用美玉打比方，巧妙地打探自己是否有出去做官的意愿。于是，孔子便笑着答道：

"卖掉呀。当然要卖掉呀。不过，也不是谁来买，就卖给他的。也就是说，要耐心等待，一直等到有眼力的买家出现。哈哈哈！"

大家也都跟着放声大笑了起来。但孔子很快就恢复了严肃的表情，望着坐在那儿一言不发的颜回说道：

"君子的准则必须是：受到任用，就堂堂正正地积极践行道义；不受任用，则退归山林，心平气和地探究道义。然而，在这两方面都拥有自信的人，眼下也就只有我与颜回两个人了。"

颜回的脸上露出了稍感意外的神色，他想要说些什么。可就在此时，子路已经迫不及待地开口了：

"老师，万一您率领一国的军队去进攻敌国，您会跟谁共事呢？"

其实，子路心中正愤愤不平呢。不过他强迫自己保持镇静，因为他坚信，一定能从孔子的口中听到自己想听的答案。

然而，孔子像是根本就没察觉到子路的内心变化般。他只是脸带微笑，仿佛并不针对任何人似的说道：

"这世上，不顾死活、敢于赤手空拳地跟猛虎搏斗、没有准备好木筏就要横渡大河的厉害人物，也是有的。可我一向是很害怕与这样的人一起赶路。因此，万一爆发了战争，我希望由深谋远虑、富有智慧、能制订周密计划并切实完成的人来做我的参谋。"

听了这话，子路十分沮丧，那感觉就跟打虎不成，自己反倒一个倒栽葱摔下了悬崖似的。颜渊与闵子骞垂下了眼帘，紧盯着自己面前的地板。子贡的眼睛闪动着聪慧的目光，让视线往返于孔子与子路之间。漆雕开则腼腆地在大腿上搓揉着双手。

这时，孔子又开口了：

"不过，像让我去指挥三军这样的事情，恐怕是不会发生的。与此相反，我倒是在考虑要不要坐上木筏漂浮海上呢。反正如今这世道，是实行不了我的主张的，老这么蹉跎岁月也没什么意思啊！"

听了这话，大家全都不胜惊讶地望着孔子。孔子却笑呵呵地继续说道：

"我真要是漂浮海上的话，估计肯跟我在一起的，也就是子路了吧？"

子路的眼里立刻闪起了亮光，并焦急地等待着孔子后面的话语。

"子路，你看怎么样？我们两人在海上漂漂荡荡的，不是也很好玩吗？有你这样的勇者陪伴左右，我也很放心。"孔子正视着子路说道。

子路激动万分，感觉整个人都快要蒸发了，费了老大的劲儿才把自己的身体管住。

孔子继续说道：

"可是，子路，要乘坐木筏，也得首先准备好能叫人放心的木筏。连木筏都没有，就光想着漂浮大海，等于痴心妄想，是不是？你在崇尚勇气这一点上，已经超过我了，那么，准备个木筏之类的，应该也不在话下吧！"

子路再次垂下了脑袋。

"哦，这话就到此为止吧。因为我也不是真的漂浮于海上。子贡，你也放心吧。要是有好买家的话，我也是愿意卖身投靠的。这是真话。哈哈哈！"

这回轮到子贡满脸通红了。颜回、闵子骞和漆雕开的脸上泛起了一丝微笑，可也没过一秒钟，这微笑就消失了。

少顷，孔子便离座而去了。可在此之前，大家都保持着严肃的沉默，各自陷入沉思之中。

原注：

1. 子曰："三年学，不至于谷，不易得也。"

——《论语·泰伯篇》

今译： 孔子说："学了三年还没有做官的念头，这是难得的。"

2. 孔子谓季氏："八佾舞于庭，是可忍也，孰不可忍也？"

——《论语·八佾篇》

今译： 孔子评价季氏："他用天子才可以用的六十四人在庭院中奏乐舞蹈，如果这都能够容忍，还有什么事不能容忍！"

3. 子曰："君子喻于义，小人喻于利。"

——《论语·里仁篇》

今译： 孔子说："君子懂得的是义，小人懂得的是利。"

"乘桴浮于海"一节，在原文中为孔子在别人面前评判子路，而在此故事中，则用作孔子与子路两人间的直接对话了。

长流不息

子在川上曰:"逝者如斯夫!不舍昼夜。"
——《论语·子罕篇》

今译: 孔子站在河边上说:"逝去的时光就像这河水一样啊!日夜不停地向前流淌。"

太阳严守着伟大的沉默,缓缓地落向草原尽头。河水将暗红色的余晖深深地融入水底,缓缓地,却一刻不停地将其卷向远方的雾霭之中。

孔子今天也只带了一名童子,伫立在开阔的河滩上。暮色苍苍,天地茫茫,他那高大的身影显得那么的孤单,那么的肃穆。

七十多年来,他孜孜以求,历经磨难,如今想来,也无非是一场通向孤寂的漫长旅程而已。因为,虽说也曾周游列国,浪迹天涯,可他最终也没有遇到一位愿意推行他的政治理想的国君。与他同甘共苦了五十年的夫人亓官氏[1]已先他而逝,就连唯一的儿子伯鱼,也不得不与之天人永隔了。而最令他悲痛不已的,则是三千门徒中他最寄予厚望,希望他将自己的理想发扬光大的颜回,竟然也年纪轻轻地就去世了。妻子与儿子去世时都能忍住悲伤的他,却在颜回离世之际,在几近绝望的冲击下,终于发出呼天抢地的哀号:

"(**原注1**)啊!这是上天要抛弃我呀!是上天要抛弃我呀!"

---

[1] 现在一般认为孔子夫人为亓官氏(?—公元前485年),又作丌官氏。春秋末期宋国人。于公元前533年与孔子结婚,后为孔子生下儿子孔鲤。——译者注

他站在颜回的灵柩前,号啕痛哭了起来。这一反常态的狂乱,令陪同他前来的门人弟子惊诧不已。在回去的路上,有人说道:

"(**原注 2**)老师,今天您也放声大哭了。"

此时,孔子的内心尚未恢复平静。他答道:

"是吗?我竟然哭得那么厉害吗?不过,我不哭颜回,还能哭谁呢?"

过了好多天,他心中的悲伤也依然没有消减。尽管没有再次痛哭流涕,可"永远的孤独"便从此冷冰冰地留在他的胸中,"长久的沉默"也成了他最好的伴侣。还有那缓缓的落日和潺潺的流水,每天都把他召唤到开阔的河滩上。

今天,他又伫立在河滩上,陷入了深思。

"我自己也已经余日无多了。回顾我的一生,自以为并未偷懒懈怠。应该说,我一直在分秒必争地提高自身修养,孜孜不倦地追求古代圣人之道。我还尽可能地将自己所领会的道讲述给各国诸侯,也传给了三千弟子。并且,我还删订了《诗经》《尚书》《春秋》,校正了礼乐,究明了《易经》,基本完成了将这些古代文献流传万世的准备工作。

"可是,我这就可以死了吗?颜回去世之后,真正身体力行地践行大道、切实贯彻仁义之人,如今又在哪里呢?道,不是语言。真理,也不是概念。我期待于后世的,是实际行动,而非夸夸其谈。要是我就这么死了,那么我的一生中到底取得了什么成果呢?我还不能死!绝对不能死!至少在找到一个真正的继承者之前,绝对不能死。"

可是,他眼前的河水,一刻不停地流逝着,永不回头。遥远的原野尽头,火红的太阳正在缓缓落下。由此,他真切地感受到，自己的生命也正在一步步地走向终结。

"颜回啊！颜回啊！"

无比凄厉的声音在他那石像一般的体内，如同寒风一般呼啸着。在此瞬间，那"永远的孤独"像是要将他推落"无限虚无"的深渊似的。

然而，他的内心却并未因此而发生动摇。他那七十年苦修而得的自由意志，已经如同沉静的湖底一般经得起波澜微起的悲痛情感了。

"天行健——"

他平静地吟出了《易经》上一个句子。

河水滚滚流。一直凝望着河水远去的尽头的他，忽又回过头去，将视线投向了河水的源头。

"生命之源是无穷无尽的。颜回死了。自己不久也将死去。可是，上天的意志，是永不停息的。古代圣人的大道也是永远不会衰亡的吧！"

太阳将其余晖留给了一片暮云后，便没入了草原的尽头。河滩上也已变得十分昏暗了。然而，就在此时，明日的朝阳已在孔子的心中放出了灿烂的阳光。他催促着童子，迈开了脚步，与此同时，口中还念叨着：

"哦，河水流淌着，流淌着，昼夜不停地流淌着。上天的意志，也会像这河水一样，永不停息，永远流淌下去的吧！"

原注：

1. 颜渊死。子曰："噫！天丧予！天丧予！"
——《论语·先进篇》

今译：颜回死了。孔子说："唉！这是老天要我的命啊！老天要我的命啊！"

2. 颜渊死，子哭之恸。从者曰："子恸矣。"曰："有恸乎？非夫人之为恸而谁为！"
——《论语·先进篇》

今译：颜回死了。孔子哭得痛不欲生。跟随着的人说："老师，您伤心过度了。"孔子说："我真的伤心过度了吗？我不为这样的人痛不欲生，又为谁呢？"

屹立泰山

子曰："吾十有五而志于学，三十而立，四十而不惑，五十而知天命，六十而耳顺，七十而从心所欲，不逾矩。"

——《论语·为政篇》

今译： 孔子说："我十五岁有志于学问；到了三十岁能够自立了；到了四十岁不再迷惑；到了五十岁得知天命；到了六十岁能听得进各种不同意见；而到了七十岁便随心所欲地行事，但又不会越出规矩。"

孔子伫立于泰山的山顶上。他全身沐浴在灿烂的阳光下，默默地凝望着远方。围在他身边的门人弟子也都像一尊尊石像似的，默然无语。

蔚蓝的天空如同透明的翡翠一般，深邃、高远、静谧，其底部又像是蓄积着无尽的烦恼，而中国的命运正在其中呼吸着。远处，天地已融为一体，根本分辨不出界线。中国的呼吸稍稍融化了那苍茫的天际，仿佛要遮掩起地上的烦恼似的。

"登上泰山，我这也是最后一次了。"

少顷过后，孔子回顾着门人弟子说道。

除了给门人弟子讲述道，交给孔子的使命就只有一个了。那就是，整理古籍。就执掌现实政治的权柄而言，孔子的智慧与各国诸侯之间的隔阂实在是太大了。其实他也完全清楚，自己给予华夏文明最后的礼物，就是孜孜不倦地专研古籍。

泰山，无论是对于华夏文明而言，还是对于他自身而言，都是一座圣山。要登上这座圣山！我要登上这座圣山！——近来，他一直感受到如此的冲动。这倒并非他厌倦了书斋里的案头劳作，而是因为他相信，只有自己伫立于泰山之巅，才能真正完成针对古代圣人之道的研究。今天，他终于得遂心愿了。置身于无限的过去与永恒的未来之间，他的眼睛、耳朵，还有内心，都归于一派寂然澄明。

"这是我最后一次登上泰山了。其实也是我第一次登上泰山啊！"

孔子凝望着远方，又一次，自言自语似的说道。

门人弟子面面相觑。因为在此之前，孔子已多次登上过泰山了。只是在年过七十之后的最近一两年，他才开始闷坐书房的。而在那之前，外出旅行回来时，他也好多次登上过泰山。故而门人弟子对于他所说的"第一次登上泰山"有些难以理解。

然而，孔子似乎并不介意门人弟子心中的疑惑，他径自迈开了脚步，仔细察看起周边的树木、岩石来了。门人弟子默不作声地望着他的背影。

"泰山的胸怀十分深邃，我也是今天才第一次投入它的怀中啊！"

这话如同电击一般，直达门人弟子的内心深处。他们再次面面相觑，却依旧不发一言。

"灵魂不灭！"

他们像是通过眼神，彼此交流着如此这般的信息。

"我已经没什么可牵挂的了。仅仅是古籍整理的工作还有一点点尚待完成而已。"

门人弟子第三次面面相觑。他们甚至觉得，他们的老师会就这么消失在天空之中。于是，便不约而同地走上前去，又围在了孔子的身边。

这时，孔子也再次转过头来，脸带微笑地看着他们。无尽的忧郁和无尽的欢愉，已在此微笑中融为一体，难分彼此了。这是一种只有饱经人生风霜、历尽精神磨难之人才会绽露的微笑。看到如此微笑的门人弟子，不仅看到了"作为圣人的孔子"，还看到了"作为普通人的孔子"和"我们的孔子"。

于是，他们的心情陡然轻松了起来。与此同时，他们的言语也变得亲近起来了。

"老师，您不累吗？"

"爬那段陡坡的时候，您的脚步真轻快啊！简直令人震惊。"

"原以为我们只有登山是不会输给老师您的，可就今天的情形来看，我们连这点儿自信都快丧失殆尽了。"

"这下子我们就明白了，老师能长命百岁可不只是我们的愿望。真是令人欢欣鼓舞。"

诸如此类的话语，接连不断地从年轻的弟子们的嘴里喷涌而出。孔子如同跟孙子辈说话似的温言应承着，忽然像是想起了什么似的闭上了眼睛。随即便频频点头，并说道：

"好了，好了。你们都坐下吧。今天我有些话想对你们说。"

说着，他立刻在一旁的岩石上坐了下来，并用双手将手杖笔直地杵在面前。

门人弟子也马上在树根上、岩石上、草地上坐了下来，他们注视着孔子，眼里都闪耀着异样的光芒。

孔子环视了一周之后，缓缓地开口说道：

"今天，我想跟你们讲一讲我这一生的故事。其实，说是故事，也与一般的故事并不相同，应该说是心灵的故事吧。也就是说，我所要讲述的，是在我与泰山心心相印之前，我是如何一路攀登而来的。"

说到这儿，孔子的脸上掠过了一片哀伤的阴影。因为，他无法在门人弟子中找到他最爱的弟子颜回与子路了。颜回死于疾病，而子路则丧命于卫国的内乱。他们俩都早已不在人世了。要是在他们俩都还活着的时候来这儿讲述自己的生平，那该有多好啊！——一念及此，他像是这才得知他们的死讯似的，痛惜不已。

在座的门人弟子中，只有子贡一人堪称出类拔萃，尤其是在最近的一个阶段，他的进步可谓令人瞠目的。可是，要是拿他与已经去世的那两位——尤其是与颜回相比，则差距就犹如泰山的山顶与山腰那么大了。自己下面要说的话，他真的能理解吗？或者说，即便在理性层面上能够理解，可是否能加以领悟并将其化作付诸行动的能量，也还是个疑问。子贡尚且如此，则其他的门人弟子……想到这儿，孔子不免有些泄气。

尽管如此，孔子也没打算取消这一番讲述。

"出于至诚的话语，是迟早会在人们的心中激起回响的。一如落在泰山顶上的雨滴那般，是迟早会渗入大地，并最终注入大海的。"

想到这儿，孔子便再次开口了。

"我有志于学的时候，已经十五岁了。"

弟子们全都露出了讶异的神色。那是因为，在当时，士大夫的子弟一般都是在十三岁开始学诗、学音乐的。所以他们觉得，就算孔子幼时贫困，可在十五岁之前从未接受过任何教育这样的事实，也是难以接受的。

"当然了，在此之前，我也曾跟着老师学习过。但真正懂得学问的可贵，产生主动学习的强烈愿望，是从十五岁开始的。说来惭愧，我在此之前，名为学习，其实毫无自觉性，浑浑噩噩，老师教什么，我就学什么，正所谓'有样学样'罢了。但'有样学样'可不是学问。真正的学问，是从产生了自己想学之愿望的那一刻才开始的。"

听了他的这番话，门人弟子中许多都在默默地点头，甚至还有不由自主地垂下了眼帘，或涨红了脸蛋的。

"然而，好不容易自我觉醒了，立下了追求学问的志愿，但由于家境贫寒，还是不能全身心地投入到学习之中去啊！不过，现在想来，也正因为贫困，我才一样接一样地学会了不少本事。即便是现在，如果要我去管账，或储藏谷物，甚至是照料家畜，我自信还是能基本胜任的。哈哈！"

"老师，您这话让我想起了一件事——"

子贡突然插嘴道：

"（原注1）吴国的太宰，说老师您是一位圣人。"

"哦，吴国的太宰？"

"是的。由于老师您上至诗书礼乐，下到诸般杂役，无所不通，无所不精，令他惊叹不已，所以他说：'如此多能，这样的人才是所谓的圣人啊！'"

"哦。那么，当时你又是怎么说的呢？"

"我是这么跟他说的：老师具备上应天意之大德，就从这点来说，就已经堪称圣人了。当然，老师也是多能的。因为我觉得，'圣人'跟'多能'根本就是两码事儿。"

"哦。不过，太宰说我多能，倒也没说错。正如我刚才所说，由于年轻时生活窘困，我确实学会了干很多活儿。由此看来，太宰还是不懂得君子之志啊！多能并非君子之道。君子之道，尚在此之外啊！"

对于自己被称作"圣人"的事，孔子只字未提。而子贡则确信自己对吴国太宰说的话肯定没错，故而他十分高兴。

"老师，听说您曾对子张说过您因为不为世所用，所以学了许多技艺——"

一名年轻弟子说道。

"是啊。不为世所用，就会贫穷，也会有许多闲暇时间，不知不觉地我就学了不少技艺。这也不仅限于我年轻的时候。不过,从十五岁起,我就从未忘记过求学之正道,故而也从未走上歧路。我十六岁那年,一件偶然的事情让我因自己不懂得礼而感到十分羞愧,于是在到三十岁的那段时间里,我就每天都不懈怠地专研礼。结果在到了二十二三岁的时候,我就有了教人基本礼仪的自信,与此同时,也终于明确了自己的安身立命之道。

"我所主张的道,从那时起直到现在,从未有过丝毫的改变。(**原注2**)我只是忠实地祖述古代圣人之道。我所有的精力都用在了这方面。也就是说,我的道,没有一点儿是我自己创造出来的。我认为,古代圣人的道是完美无缺的,我们只要相信它,热爱它,将其原封不动地流传后世就行了。殷的贤大夫老彭就是这么做的。我虽然还及不上他,但也决心效仿他。"

"老师!"

这时,一名年轻弟子高声叫道:

"我们不相信老师您的教诲仅仅是祖述古代圣人之道。您只是出于谦逊才这么说的吧。别的先不说,要是仅仅以传述古人的理想为人生之道的话,那世道哪还会有什么进步呢?殷朝汤王盘上的铭文也作'苟日新,日日新,又日新'[1],这话我们都记得您已经教过我们好多遍了……"

孔子脸带微笑地听着他的话,可等他说完之后,又立刻恢复了严肃的表情:

"你所说的,表明你完全领会错了。我就将古代圣人之道

---

[1] 这是镌刻在商朝开国帝王商汤所用的洗澡盆上的铭文。本意为:既然今天将身上的污垢洗净了,那么以后每一天也都要将身体洗干净,并要一日复一日地坚持下去。后被记录在儒家经典《礼记·大学篇》里,被引申为人应该对自己的精神与品德不断地加以反省,不断地追求完美。——译者注

比作这泰山吧！你想想看，要是我们不登上其绝顶，可能为它增高一寸一分吗？这就是说，要想为古代圣人之道添加一点点的创意，就首先必须完全理解它。而所谓的理解，又不仅仅是理论层面的理解，还必须用心，用身体，通过身体力行将其变为自己的东西才行啊。到目前为止，我就是这么孜孜以求地一路走来的。而孜孜以求的结果，就是越发地震惊于古代圣人之道的完美无缺。

"你希望世道能有所进步，可是让世道得以进步的捷径，就是你自己的进步啊。好吧，那么我问你，古代圣人之道，你真的懂了吗？你自己真的已经做好了向我请教高于古代圣人的道的准备了吗？倘若你觉得尚未准备好，那就像汤王盘上的铭文所说的那样，每天都洗去身上的污垢，每天都做崭新的自己吧！"

那位弟子垂下了脑袋。孔子再次露出了微笑，并说道：

"好吧。那我就继续往下说了。我感觉音乐绝不能忽视，也是在那会儿。于是我在正好三十岁那年，跟乐师襄子学习弹琴。当然，我也不是从那时才接触音乐的。应该说，从孩提时代起，就一直在练习演奏。不过就音乐造诣而言，襄子在当时可谓首屈一指，所以我想跟他学习音乐的真谛。"

"襄子的音乐造诣到底怎样呢？虽说他早已声名远播，甚至可以说如雷贯耳了。"

一位弟子问道。

"他的演奏自然是精彩无比，难得一闻的。可是，事后回想起来，总觉得还有些美中不足……"

"美中不足？"

"所以说最终还是会归结到人身上来的。当然，我这么说也未见得妥当，可我觉得一切都取决于学问修养。好吧，那就说说我跟他练琴时的事儿吧。事情是这样的。我前去拜访他，他立刻就教了我一首从未听过的曲子。我练了十来天后，襄子就说：'行了。学下一首曲子吧。'可我只是会弹奏其曲调而已，对于其节奏还没有完全掌握。于是我跟他提出了这一点之后，又练了起来。又过了十来天，他说道：'行了。节奏你也掌握了。可以学下一首曲子了。'可我还体会不到该曲子的意境。于是我又练了十来天。他又说：'你已经连曲子的意境都体会到了。这下子总可以学下一首曲子了吧？'

"可我还不知道作曲人是谁，故而继续坚持练习。有一天，襄子带着十分惊讶的神情，看着我弹琴的模样，说道：'你肯定知道作曲人是谁了！'那时，我的内心十分平静，十分深沉。脑海里浮现出一个肤色浅黑、面庞狭长、双眼凝望着浩瀚无垠的大海的具有帝王气质的人的形象。我心想，他一定就是文王。我对襄子描述后，他果然说是的。"

门人弟子眼里闪着光芒。因为他们直接从孔子身上看到了孔子通过音乐看到的那个周文王。

"老师，您是说，襄子教您的那首曲子的作曲者是文王，可他自己并未达到能看到文王的境界，是吗？"

一位弟子问道。

"是的。我所说的'美中不足'，就在于此。因为说到底，襄子尽管热爱音乐，却也仅仅是将其当作一种技艺而已。而要能见到文王，体会到文王的心情，仅仅靠技艺，是不行的。只有真心喜爱先王之道，怀有诚挚的求道之心，也即必须具备开拓人生的胸怀，才能理解文王所作的曲子。"

"听说后来襄子反过来对老师您执弟子之礼，就是因为发生了这事儿吗？"

孔子苦笑了一下。然而，他又像是在回溯往事似的，缓缓地说道：

"襄子是个十分谦逊的人。那会儿，他急忙离开座位，对我拜了两拜。要是他能在那种心态下再多活几年的话，应该是能成为一位冠绝古今的名人的。"

短暂的沉默之中，孔子环视了一遍叔鱼、子木、子旗、子羔这些年龄都在四十岁上下的弟子的脸，继续说道：

"如今回想起来，三十到四十岁的那段岁月，是我精神最为苦闷的时期。因为，到了三十来岁的时候，世人就开始称我为礼学大家，也有许多显贵的子弟来跟我学礼，故而我也产生了一些自满心理。而同时我又总觉得自己所修的学问无非是知识性的学问而已，内心十分不安。可尽管自己的内心惶悚不安，可又要极力维护自己那权威的名声。世上真是再没有比这个更让人忐忑不安的事儿了。

"于是我只得自己鞭笞自己，不断地鞭笞自己，时至今日，我总算是没有脱离正道，可在当时，也是十分迷茫，苦闷不已的。甚至遇上一点点小事，也会犹犹豫豫，要踌躇三四天才能做出决定。根本做不到电光石火，当机立断。并且，即便已经做出了决定，也仍会瞻前顾后，拖泥带水。说到底，那还是自己的学问没在实践中得到锤炼的缘故啊！可是，一过了四十岁，我就不再犹豫不决了，无论遇到什么事儿，都能够做到当机立断了。"

"老师您去周都洛阳那会儿，是多少岁？"

"我记得是三十五岁。那可以说是我获得感触最深的时期！在明堂看到尧、舜与桀、纣的塑像时，我的内心真是激动万分、感慨万千啊！"

"老师您与老子相会，也是在那会儿吧？"

"是啊！我已经讲过好多次了，老子这人十分神秘，神龙见首不见尾。他对于现实人生的态度，确有我难以苟同的一面。但那种与天地合一的心境，自然且深邃，却又深深地打动了我。他告诫我说：'良贾深藏若虚，君子盛德，容貌若愚。'[1]还教导我要去除骄傲自大之习气、贪得无厌之欲望、踌躇满志之神色和放荡不羁之心志。对于当时还年轻的我来说，这些话可真可谓金玉良言啊！直到今天我还对此心怀感激呢。我后来之所以将我的学问从头脑拉到了内心里，又从内心拉到行动上，并开始身体力行地予以切实履行，老子的教诲也起了很大的作用啊！"

在此之前，门人弟子一直是将老子当作学术上的敌人的，可如今听老师却在一个劲儿地夸他，未免有些无所适从，一个个全都目瞪口呆。

"可是——"

一片悲切之色突然蒙上了孔子的面庞。他说道：

"那会儿也发生了许多痛心疾首的事情。鲁昭公遭到季氏的驱逐，流亡齐国。我也为了避难而去了齐国。途中，路过一处坟场时，遇见了一位正号啕痛哭的妇人。一问之下才知道，她的公公和丈夫早就被老虎咬死了，这次，连她的孩子也被老虎咬死了。我问她，既然这样，为什么还要住在这可怕的山里呢？不料她的回答更令人觉得可怕，说是'山里没有苛政'。可见苛政比猛虎更为可怕啊！

"当时，立刻感觉到上天赋予了我一个重大的使命。我突然领悟到政治不能仅仅是书斋里的东西。即便会被老子嘲笑为'骄

---

[1] 出自《史记·老子韩非列传》意为：善于经商的人，总是把财货隐藏得很深，看上去好像一无所有；君子尽管道德高尚，但也毫不外露，甚至外表还显得呆傻。——译者注

傲自大之习气'，会被他骂作'贪得无厌之欲望'，可为了在世上实行古代圣人之道，就必须掌握现实政治之权柄。可即便有了这样的想法，也正如前面说过的那样，我当时连自己都管不好呢，哪能有什么实际作为呢？于是在四十岁之前，我就把主要精力放在了自身修为上，努力将自己提升到遇事不再犹豫不决、惘然无措的程度。"

"老师，您在齐国的时候，也没有参与现实政治吗？"

"当时，权臣中不乏从中捣乱的人，所以我什么都没干成。再说，齐景公本身就是个毫无气魄，且意志薄弱的人，故而毫无希望。"

"对于齐景公，老师您有什么建言呢？"

"（**原注3**）在他问到执政理念时，我回答说，首先要遵守君臣父子之道。因为当时齐国的宫廷权臣之间，连这些最基本的纲纪都已一片紊乱了，哪还谈得上什么政治理念呢？"

"那么，齐景公听了老师的话又有什么反应呢？"

"他说：'要是君臣父子都不按本位，不做好自己该做的事，即便庄稼丰收，谷物充盈，我也不能无忧无虑地安心下咽啊！'可是，当时他正忌惮着大夫专权，嫔妃争宠，连太子都无法确立，哪里还能有什么作为呢？"

"如此说来，老师您实际执掌现实政治，还是自鲁国开始的了？"

"是啊。但始于鲁国，也终于鲁国。那时，我已经年过五十了，已经能清清楚楚地知道天命了。我就是基于如此信念，毫不疑惧地执行政务的。从中都宰到司空，再到大司寇，一连干了六七年。即便回想起来，我也觉得并未做错过什么。天道是万古不易的。没有人能胜过天道。只要寄心于万古不易的天道来执行政务，就没有什么可疑惧不安的。成败利钝是本就该置之度外的。然而——"

说到这儿，孔子的脸上露出了沉痛的表情：

"虽说确立了知天命，寄心于万古不易之天道的信念，可在自己有意识地持有如此信念之时，终究还不算圆满。如今想来，我当时的执政手法，尚不乏僵硬死板、不够圆通之处。定公虽然起用了我，可渐渐地就开始疏远我了。他经不起齐国送来的美女的诱惑，又抵挡不住季氏的花言巧语。而这一切，也正是我思虑不周、行有不得的缘故啊！

"我与我的信念，尚未真正融为一体。其明证就是，我是有意识地将信念当作信念的。而真正的信念，是与自己融为一体，而不必有意识地将其当作信念的。这一点，其实是在我离开了鲁国，开始周游列国之后，才逐渐明白的。

"我是从五十岁那年，开始学《易》的，但真正开始理解《易》的真谛，也是在周游列国的途中。天、地、人，过去、现在、未来，《易》将这些要素如同织布似的编织在了一起，浑然一体，了无痕迹。我正是在接触了《易》的真谛之后，才超越了有意识地将信念当作信念的相对境界，进入了将自己完全投入天理之中且与之融为一体的绝对境界。进入如此境界之后，目之所见，耳之所闻，就全都真相毕现，没有一丝一毫的扭曲了。

"是非善恶，正误曲直，一切都毫不走样地映在自己的心中。而自己的内心，也会毫不做作地予以回应。我把这种境界称作'耳顺'。也就是能够毫无成见地，诚挚、自然地，不假思索就能准确把握天、地、人，过去、现在、未来的境界。我也是到了六十岁，才终于进入如此境界的。"

门人弟子听了孔子的话，就语言层面来说，好歹也是能够理解的。可是，这就跟仰望蓝天似的，是可望而不可即的。于是他们之中就有人回想起了颜回活着的时候说过的一段话：

"（**原注4**）老师的德行如同一座高山，越是仰望就越觉得它高不可攀；老师的信念坚如金石，越是钻研就越觉得它坚硬无比。老师的道很难把握。你以为它在前面，忽然又到了你身后。老师在教导我时是循序渐进的。他用古代圣人的教诲来拓宽我的知识面。用礼仪来规范我的行为。这种教育方式魅力无穷，简直令我欲罢不能。我尽我所能，刻苦用功，现在总算能清楚看到老师的道的真相了。可是，要想把握它，依旧是力不从心的呀！"

"然而——"

孔子接着又说道：

"仅仅是如此心境，还不是有生命力的道。那只是个人的心态而已。在所谓的仙人、隐士之中，也不乏怀有如此心境的人。然而，仅仅是这样，我是不会满意的。这好比磨亮了的镜子能如实映照出各种景物，但镜中之像毕竟是虚无的。同样的道理，就算我能如实地把握天、地、人与过去、现在、未来，可仅止于此的话，也无异于死物。所谓真理，只有将其拉回到具体的行为上来，方始成为有生命力的真理。

"有了如此认识之后，我就一直为此而不懈努力着。而在如此努力的过程中，我又惊讶地发现人要做出正确的行为究竟是一件多么艰难的事情。虽说我到四十岁就已经不惑了，可也只是就行为之根本意义上的不惑。而到了五十岁时，虽然我已经知天命了，可也仅能做到不违背天命的原则而已。

"然而，在达到耳顺的境界之前，我的行为之尺的刻度还不够精密。虽说同为一尺，可在一寸一分的刻度上还带有我的主观意识。也就是说，我的私心仍在不惑的生活目标之中，以及我所感受到的天命之中跳动着，并按照我自己的喜好刻画着刻度。而进入了耳顺的境界，就能毫不走样地把握一切事物的真相，并以此来矫正那些刻度后，我的行为便可轻而易举且严丝合缝地与之相符合了。

"我所追求的终极目标并没错，我所走的道路也是正确的。可是，我在一步步地往前走时，尚不乏率性而为与事倍功半之处。我意识到这样是不行的。觉得这简直跟为了行孝而去偷盗没什么两样了。于是我便努力加以矫正，最后终于做到了即便自己随心所欲地迈开脚步，也能切合正确的刻度了。而这时，我也已经七十岁了。自那以后，我才感受到我的内心是自由自在的。"

孔子说完之后，便闭上了眼睛。风声穿过树林，消失在遥远的山谷。耳听着这呼啸而过的风声，孔子默默地回顾着自己这一路奋斗而来的漫长的一生。不追求神秘，不希冀奇迹，靠着自身之力走在平凡的道路上，砥砺前行，步步深入，终于在接近人生的终点处，从自己身上发现了一个将一切都紧握在手的人。他认为，自己所到达的境界，是任何人只要秉持至诚之心且加以不断努力，都能够到达的。为此，他感到无比欣喜。

"自己所走过的道路就是千万人要走的道路。对于任何听了我的话而走这样的道路的人，我如今已没有一丝一毫的不安了。因为，我所说的话里，没有一点儿空想。我自己就用行动证明了自己说过的所有的话语。不，我的话，是在我自己实践过之后才说出口的。"

他站起身来，仰望着天空。天空依旧是一片湛蓝，无边无际。而泰山的泥土，牢牢支撑着他的双脚。

门人弟子根据各自所处的心境，在心中反复体味着孔子刚才所说的话语，与此同时，也仰望着孔子那高大的身影。没有一人开口说话。

就在孔子将视线从天空转向弟子们的那一瞬间,他突然意识到,与他们永别的时刻也快到了。而一想到他们中是否有一人能真正理解自己之时,一种深深的孤独感便不由自主地冒了出来。他情不自禁地嘟囔道:

"(原注5)到头来,还是没人理解我啊!"

子贡听到后,便略显激动地站了起身来。随后便走近孔子,诘问似的说道:

"老师您为什么要这么说呢?您的大道怎么可能谁都不理解呢?"

孔子并未回答,依旧自言自语似的说道:

"我既不怨恨天,也不责怪人。我只是遵从自己的信念,就像从这泰山的山脚下爬上山顶似的,从低处一步步地走到了高处。我的心,只有天知道。"

子贡的脸上露出了十分失落的表情,他还想再说什么,可孔子却用严厉的眼神看着他,说道:

"子贡,你听好了。我的道,仅此而已!"

子贡吃了一惊,老老实实地闭上了嘴巴。一会儿过后,他们就下了泰山。

据说回到家里后,孔子为了纪念其古籍整理之完工,举行了一次不事张扬的祭奠。与此同时,他还召集了门人弟子,与他们道了永别,并声明:

"我作为老师的任务已经完成了。今后,我就不是你们的老师,而是你们的朋友了。"

孔子落下其人生的帷幕,是在他七十三岁那年的春天。据说在他去世前七天,他曾流着泪对子贡唱了如下一歌:

"泰山快要崩塌了吗？房梁快要断裂了吗？贤能的人快要死去了吗？"[1]

原注：

1. 太宰[2]问于子贡曰："夫子圣者与？何其多能也？"子贡曰："固天纵之将圣，又多能也。"子闻之，曰："太宰知我乎！吾少也贱，故多能鄙事。君子多乎哉？不多也。"

——《论语·子罕篇》

今译： 太宰问子贡说："孔夫子是位圣人吗？为什么那样多才多艺呢？"子贡说："那本是上天希望他成为圣人，才让他多才多艺的。"孔子听到后，说："太宰了解吗？我年轻时地位低下，所以掌握了种种技艺。君子会有这样多的技艺吗？是不会的。"

2. 子曰："述而不作，信而好古，窃比于我老彭[3]。"
——《论语·述而篇》

---

[1] 此为孔子的《曳杖歌》，载于《礼记·檀弓上》。原文为："泰山其颓乎？梁木其坏乎？哲人其萎乎？"——译者注
[2] 官名。一说为吴国的太宰伯嚭。——译者注
[3] 老彭，一般认为是老聃与彭祖。他们都是上古时代贤者，且喜欢讲述古代的事情。何晏在其《论语集解》中引称："包咸曰：'老彭，殷贤大夫。'"——译者注

今译： 孔子说："传述而不创制，相信喜好古代文化，私下将我自己比作老彭。"

3. 齐景公问政于孔子，孔子对曰："君君、臣臣、父父、子子。"公曰："善哉！信如君不君、臣不臣、父不父、子不子，虽有粟，吾得而食诸？"

——《论语·颜渊篇》

今译： 齐景公向孔子请教执政之道。孔子答道："国君要像国君，臣子要像臣子，父亲要像父亲，儿子要像儿子。"景公说："好得很！如果真的国君不像国君，臣子不像臣子，父亲不像父亲，儿子不像儿子，就是有粮食，我能吃得着吗？"

4. 颜渊喟然叹曰："仰之弥高，钻之弥坚，瞻之在前，忽焉在后！夫子循循然善诱人，博我以文，约我以礼，欲罢不能。既竭吾才，如有所立卓尔。虽欲从之，末由也已！"

——《论语·子罕篇》

今译： 颜回长叹一声，说："老师的道德文章，越仰视，就越觉得巍峨高耸；越钻研，就越觉得坚不可摧。看着好像在前面，忽然又到后面去了。但老师循序渐进，善于诱导学生，用各种典籍来充实我，用礼节来约束我，让我想停都停不下来。我已经用尽我的才华，好像有一个十分高大的东西立在我前面，即使想再跟上去，又不知如何走了。"

5. 子曰:"莫我知也夫!"子贡曰:"何为其莫知子也?"子曰:"不怨天,不尤人;下学而上达。知我者其天乎!"

——《论语·宪问篇》

今译: 孔子说:"没人了解我啊!"子贡说:"怎么会没人了解您呢?"孔子说:"不怨恨老天,不责备别人,不学人事而上达天命。了解我的大概只有老天吧!"

人生导师　下村湖人

永杉喜辅

与湖人朝夕相处

我初识下村湖人是在昭和九年（1934）。那时，我从京都大学哲学科毕业后，进入了湖人主持的青年团讲习所。关于该讲习所，在《次郎物语》[1]的第五部中名为"友爱塾"，且有详细描写。这第五部中的"朝仓老师"其实就是湖人本人，可以说，我当时所聆听的，就是朝仓老师的教诲。

"麻雀'啾'地叫了起来。这一声之后，四周复归沉寂"——那段每天都以此为开始的生活，对我来说，是一种极其难忘的经历。

清晨，与湖人一起在客厅里静坐时，武藏野稀疏的树林中飞来飞去的鸟儿的啼鸣声，便会打破沉寂，钻入我们的耳朵。静坐结束后，仅湖人一人站起身来，做简短讲话。而这讲话，日后被整理成文，便成了《论语故事》。

---

[1] 下村湖人所著自传体小说，共有五部。描写了一名因家境贫寒而给人当养子的少年——次郎的成长过程。第一部曾于昭和十一年（1936）起在"大日本青年团"的机关报《青年》上连载，昭和十六年（1941）刊行单行本。之后，自第二部至第五部依次刊行。自第六部以降，虽已确立了构思，最终因作者去世而并未完成。该作品曾被多次拍成电影。——译者注

该"友爱塾"实为与日本即将投入战争的时势作抵抗,作为湖人拼死坚守的自由主义之营寨。尽管"友爱塾"最后还是因被军部所发觉而不得已关闭了,可对我来说,它是名副其实的教育启蒙之所。至于其间的具体情形,还请阅读《次郎物语》(第五部)。该书既是实践记录,同时又是出色的青年教育论。而"友爱塾"生活的精神支柱,便是《论语》。

当时,配合军部且自称"爱国"的人被当作社会精英,可湖人对于这种傲慢与自大提出了警告,并以养成诚实、普通的庶民为真正的教育。该教育以"地下水""默默耕耘""白鸟入芦花"[1]"善行无辙迹"[2]等为宗旨。湖人将当时的学校比作"剪裁花枝以作供奉",而以培育杂草之根为真正的教育。应该说,如今这种不返回原点便不可救药的教育,他早就看到了。

那时,有许多人因参加了"领导人培养"的坐禅活动而一下子自命不凡了起来。湖人则称其为"修养夸大妄想症",而对于挺胸凸肚口称"我是日本人"的"爱国者",则会讽刺道:"这么理所当然的事儿有什么好夸耀的呢?当作借谈论天气打招呼就行了。"

我追随湖人,过了一年这样的生活。自昭和十年(1935)四月起,我赴关西某县的社会教育课任职,直到战争结束。其间,我与湖人的来往书信超过了一百封。

战争结束后,我便辞去县厅的工作,来到了东京,在新大久保的湖人家废墟上临时搭建了简易窝棚,与湖人一起推出了月刊《新风土》。其实在战前,《新风土》就是由湖人主持的月刊,此

---

[1] 语出《次郎物语》第三部。改自佛教禅宗著名语录"白马入芦花",表示不彰显自我,只一味地积德行善之意。——译者注

[2] 语出《老子·第二十七章》,意为:善于行走的,不留下痕迹。比喻行为高尚的人,不愿为人所发觉。——译者注

时，我们怀着要在因战败而彻底破灭其自大之心的日本社会培养起谦虚谨慎、情操高尚的新风土的梦想而予以复刊了。与此同时，也兼有与"友爱塾"出身的复员军人取得联系的目的。为了不致饿死，我们俩还以衰弱之躯，在火灾过后的废墟上拼命地耕种着。

复刊第一期的卷首语出自湖人的手笔。在此，我将这篇披露湖人当时心境的文章，全文照录如下：

> 日本，如今正在重生的苦痛中挣扎着。它的眼睛，似乎仅盯着一个发光的亮点。可是，投映在视网膜上的，却只有混沌和彷徨。体内的毒血尚未流尽，而刚动完手术的创口处，却又有新的细菌在不断侵入。日本正遭受着巨大的苦痛。由于挣扎，日本今后兴许会遭受更大的苦痛。然而，日本也不妨尽管苦痛着。因为，只有经受苦痛，日本才会产生强烈的自觉，只有强烈的自觉，才可能得以重生。
>
> 就在日本遭受重生之苦痛之际，《新风土》也浴火重生了。而《新风土》既已重生，则表明它已脱离了混沌与彷徨。它的自觉是明确的，它的视野是清晰的。然而，在将日本的苦痛当作自己的苦痛这一层意义上，只要有必要，它还会忍受苦痛，且投身于混沌与彷徨之中去。

这是在战争中作为自由主义者而被剥夺了指导青年的职责的湖人，从一片焦土上站起身来后，第一次发出的声音。

可是，细菌不断地从大手术后的伤口处涌入，湖人那苦心孤诣的宏愿并未实现，《新风土》也因刀折矢尽，在三年后停刊了。之后，湖人致力于《次郎物语》的续篇（第四部和第五部）的写作，可未等该书完稿，他就于昭和三十年（1955）去世了，享年七十二岁。据说孔子去世时,享年七十三岁。

湖人的绝笔为《现代语译论语》和曾与他一起终生从事勤劳青年[1]的教育的田泽义铺的传记《看看此人——田泽义铺的生涯》,以及辞世之和歌"大道在人间,至死心不移"。这首和歌,如今已被读者刻在歌碑上,立在"友爱塾(今小金井青少年中心)"的一个角落里了。和歌中的"大道",就是孔子终其一生,孜孜以求的道。

生平与思想

下村湖人于明治十七年(1884)出生于佐贺县神琦郡千岁村(如今的千代田町)。与《次郎物语》中的主人公一样,他也是家中的第二个儿子。出生后没多久,就送给别人家当养子了。他的本名为内田虎六郎,过继给下村家后改名为下村虎六郎,笔名虎人,自写作《论语故事》时起,改为湖人。

他的父亲内田郁治是锅岛藩的武士,废藩之后生活贫困,但他具有较高的汉学素养,湖人幼年曾随其诵读《论语》。湖人进入旧制佐贺中学(现在的佐贺西高)后,又随汉学大家吉冈美标学习《论语》,升入旧制第五高等学校[2](熊本)后,也随野口胜

---

[1] 又称勤劳青少年,指1970年前后地方上一些完成了义务制教育(一般为初中毕业生)来到大城市"集团就业",进入商店、企业工作的未成年人。——译者注

[2] 日本的旧制高中要在中学四年毕业后才能报考,学制三年。相当于大学预科。战后学制改革时,被纳入新制大学。如今日本的高等学校,已经相当于中国的高中了。——译者注

太郎教授学习汉文，据说还取得了该校自成立以来的最好成绩。野口教授没有学历，却是一位擅长写作汉诗的饱学之士。他曾是一名新闻记者，经当时在五高任教授的夏目漱石的推荐，才站上了五高的讲坛。

我大概比湖人晚了三十年才进入五高，可一年级时的班主任居然就是野口老师，真可谓奇缘。当时，野口老师已是一位消瘦的老人，他那身穿麻布立领夏衫的模样，至今仍留在我的脑海里。每次轮到他上课，他总会欣欣然地朗声诵读汉籍。他是一位性格爽朗、待人真诚的老师。就在我们上二年级的时候，他留下了"让野口胜太郎重返教坛"的遗言，与世长辞了。真是一位将师魂贯彻到底的老师啊！

湖人进入五高时，夏目漱石去英国留学了，代替他任英语老师的是厨川白村[1]。白村是以《近代恋爱观》风靡一时的文艺评论家。从不上老师家串门的湖人，也极为罕见地登门拜访过他。而其影响就是湖人一改对于汉学的情有独钟，而进了东京大学的英文科。

当时，从英国留学回来的夏目漱石已经是东大的教授了。他讲述的18世纪文学、《奥赛罗》等课程让湖人听得津津有味，但湖人却并不像其他有志于写作的同学那样动不动就往夏目漱石的家里跑。似乎只有他一人是置身于这个圈子之外的。后来我问起其中的缘故，他说："我讨厌他们那种进庙烧香似的做法。"湖人极度怕羞，不喜欢拜访名人。佐贺人向来被称作"怪人"，湖人自然也并不例外。

---

[1] 厨川白村（1880—1923年），本名辰夫。日本英国文学研究家、评论家。为介绍欧美文艺和近代思潮做出了贡献。生于京都。在1923年关东大地震中遇难，殁于镰仓。著有《近代文学十讲》《近代恋爱观》等。鲁迅曾翻译过其文艺评论集《苦闷的象征》。——译者注

东大一年级的时候，湖人写了《成长记》。可写到五十来张稿纸时，又被他全都撕掉了。而那篇东西，其实就是《次郎物语》的前身。

还在读佐贺中学的时候，湖人就已经是一位被中心诗坛所认可的少年诗人了。他以内田夕闇的笔名与尾上柴舟、蒲原有明等大家一起在《新声》《文库》《明星》等杂志上发表诗歌。甚至还有北原白秋[1]看中了湖人中学四年级时发表在《新声》上的诗作《石佛之歌》中一节，竟然擅自"借用"的传闻。

从五高升入东大期间，湖人的兴趣转到文艺评论上，而在东大时，他还担任了《帝国文学》的编辑，并因在该杂志上与自然主义文学的首领岩野泡鸣展开激烈论战而名噪一时。当时的湖人，真可谓斗志昂扬。他在《帝国文学》上发表的长文《全自然主义文学论》，受到了在东大始创宗教学讲座的姊崎正治（嘲风）博士的盛赞。而在用英文撰写的毕业论文《超自然界的文学评价》中，他批判了指导教授——英国老师劳伦斯的学说。

东大毕业后，人们理所当然地期待他在东京的文艺论坛上大显身手，可当时他的本家内田家早已没落，资助其学费的下村家也破产了，无奈之下，湖人只得回到佐贺，去料理下村家的后事。不久之后，就应其母校佐贺中学之邀，做了英语老师。之后，他年纪轻轻地就历任了鹿岛中学（现在的鹿岛高校）和唐津中学（现在的唐津东高）校长，且不屈服于被称作教育界的罗马

---

[1] 北原白秋（1885—1942年），本名隆吉。日本诗人、歌人。生于福冈县柳川。起先组织"面包会"，主张唯美主义，继而转向赞美自然，后又创立"多摩短歌会"，表现清净的意境。也致力于创作童谣、民歌。著有诗集《邪宗门》《回忆》，以及和歌集《桐花》《云母集》《白南风》等。——译者注

教皇的文部省和县政府的威压，牢牢维护着教育权。

之后，由于其努力得到看重，湖人前往中国台湾任台中一中的校长，后又转任台北高等学校（现在的新制大学）的校长。后因学园纷争而引咎辞职，回到东京，协助好友田泽义铺，在日本青年馆致力于勤劳青年的教育。那已是昭和六年（1931），湖人四十八岁时的事了。

昭和八年（1933），任开设于小金井的浴恩馆（现在的小金井青少年中心）的青年团讲习所所长。昭和十二年（1937），他将直到遭军部驱逐为止的实践记录及其理论整理成文，并以《塾风教育与共同生活训练》为题，公然发表在月刊《教育》上，极为引人注目。

之后，他专注于巡回演讲与写作，出版了《论语故事》《次郎物语》等多部著作，而这一切，都是为了让《论语》的思想流传后世。

湖人协助田泽在战时所倡导的运动中，有一个"烟友运动"。所谓"烟友"，是在青年团结束后，由其中品行端正的成员所组成的小组，目的在于整肃地区或职场的风气。"烟友"这个名称，源自流传于湖人老家锅岛藩的《叶隐》[1]。在《叶隐》中，有四五位可敬的武士在一起议论忠义的场景。他们认为，将"我乃忠义之人"挂在嘴上的家伙，是值得怀疑的，只有默不作声，尽心尽力地做好日常事务的人，才是真正的忠义的人。

于是，他们联想起古代恋歌"望见死后焚尸烟，方知恋情有多深"，将自己这个圈子称作"烟友"。让自己相思至死后火化

---

[1] 日本江户时代中期有关武士修养的书。全称为《叶隐闻书》，成书于享保元年（1716），共十一卷。由锅岛藩武士山本常朝口述，田代陈基笔录而成书。——译者注

时升起的烟,来让对方知道自己曾经的恋情有多深——他们所崇尚的,就是这么一种单相思式的忠义思想。

后来,正如湖人所料想的那样,日本战败了。于是他发表了上述文章,而在战后让《新风土》浴火重生,就是为了重新聚集"烟友"。

本书中有名为《言志》的一篇,说的是有一天孔子与其得意门生颜回、子路等一起讨论人生的价值。勇猛有余而智谋不足的子路表示,等到自己飞黄腾达,出入有车马、御寒有裘皮的时候,一切都会与朋友共享,即便朋友将宝车、轻裘弄坏了,也绝无怨言。然而,孔子却对此表示了不满。

而一如既往地静静地听着的颜回,在子路的催促下,则说:"我只希望既不夸耀自己的美德,也不炫耀自己的功绩,只是真心诚意、勤勤恳恳地做自己该做的事情。"

孔子听后再次朝子路看去,想看看他有什么反应。可子路却带着满脸的不可一世的神色,窥视着颜回。此刻的颜回依旧安静地坐着,保持着沉默。于是,急不可耐的子路转脸对孔子说:"老师,那么您的理想又是怎么样的呢?"孔子将怜悯的目光投向子路后,说道:"我嘛,我只希望让老人们得以安逸;朋友间相互信赖;让年轻人亲近我。"

子路大感意外,心想"什么呀?就这个吗?"可当他再去看颜回时,却眼看着颜回的脸越来越红了。其实颜回心里想的是,自己又被老师远远地甩在后面了。老师所考虑的,只是老人、朋友和青少年,并以此来规范自己的言行。与他相比,自己的想法完全是属于自我中心主义的。更何况这也仅仅是用脑袋想出来的抽象理念而已。其实,对于自己周围的人,只要做好自己该做的事情就行了。只要不纠结于自我,自然也就没有什么"骄傲"或"炫耀"了。想到这里，颜回便垂下了脑袋。可子路却毫无感觉，依旧是一脸的满不在乎。当天夜里，由于担心子路，孔子竟然一夜未曾合眼。

湖人的"凡人道"，将这一场景具体化了。人，平凡即可。可是，人又要不平凡地走过平凡的人生大道。这里面既有《论语故事》的教诲，也有《次郎物语》的真谛。

本书中还有名为《伯牛有疾》的一篇。伯牛所患的疾病，是不治之症——麻风病。他的心中，翻卷着诅咒人类的黑色旋涡，就连孔子有段时间没去看他，他都以为是老师伪善的假面具终于脱落了，而对孔子怨恨不已。可不久之后，孔子前来探望他时，却从窗户伸手进去，紧紧地握住了他的手，令伯牛在被子下面抽泣不已。

在青年团讲习所里，有一位照料湖人的日常起居，叫作广濑的年轻人。在该青年患上结核病，生命垂危之际，湖人也曾紧紧地抱住他。因此可以说，湖人是身体力行地来阅读《论语》的。

日本教育荒废的现状，已到了叫人不容忽视的地步。人心硗薄，各种反常的言行四处横行。在此世风日下之际，真正的学问（理性）之书《论语故事》作为学术文库得以出版，正所谓得其时宜。

参考图书

永杉喜辅：《下村湖人——其人与其作品》，讲谈社1964年。
《下村湖人全集全十卷》，国土社1974年。
《永杉喜辅著作集全十卷》，国土社1973年。

除此之外，还得到了下村湖人研究者村山辉吉（驹泽大学教授）、高岛进子（神户女学院大学教授）、加藤善德（日本点字图书馆理事）等人的帮助。